TRAGÖDIE AM EVEREST

IMPRESSUM

Titel der englischen Originalausgabe:
EVEREST 24

Originalausgabe erschienen 2024 bei:
Riverside Press

Copyright in design © Unipress Books Ltd 2024
Royal Geographical Society is identified as
the author of this work.
Images © copyright Royal Geographical Society
(with IBG) 2024, unless stated otherwise
Images on pages 39, 59, 60–61, 65, 67 and 68–69
© RGS/Salto Ulbeek
Rolex supports the Society's Picture Library – with
its unique images of Everest – and contributes
towards conservation of the Society's Collections.

Deutsche Ausgabe:
Verantwortlich: Susanne Caesar
Übersetzung aus dem Englischen: Dieter Löffler
Redaktion: Susanne Maute
Satz: mcp concept GmbH
Korrektorat: Simona Fois
Umschlag-Adaption: Mathias Frisch
Printed in Slovakia by NEOGRAFIA, a.s.

Die Deutsche Nationalbibliothek verzeichnet diese
Publikation in der Deutschen Nationalbibliografie;
detaillierte bibliografische Daten sind im Internet
über http://dnb.d-nb.de abrufbar.

Copyright © 2024 der deutschen Ausgabe:
Frederking & Thaler Verlag
in der Bruckmann Verlag GmbH
Infanteriestraße 11a
80797 München

Alle Rechte der deutschsprachigen Ausgabe
vorbehalten

ISBN 978-3-95416-425-7

★★★★★

**Sind Sie mit diesem Titel zufrieden? Dann würden
wir uns über Ihre Weiterempfehlung freuen.**
Erzählen Sie es im Freundeskreis, berichten Sie
Ihrem Buchhändler, oder bewerten Sie bei
Onlinekauf. Und wenn Sie Kritik, Korrekturen,
Aktualisierungen haben, freuen wir uns über Ihre
Nachricht an Bruckmann Verlag, Postfach 40 02 09,
D-80702 München oder per E-Mail an
lektorat@verlagshaus.de.

Unser komplettes Programm finden Sie unter

www.frederking-thaler.de

ROLEX

**Royal
Geographical
Society**
Enterprises

Commercial activities
supporting the charity

TRAGÖDIE AM EVEREST

DIE LEGENDÄRE EXPEDITION VON GEORGE MALLORY

FREDERKING & THALER

INHALT

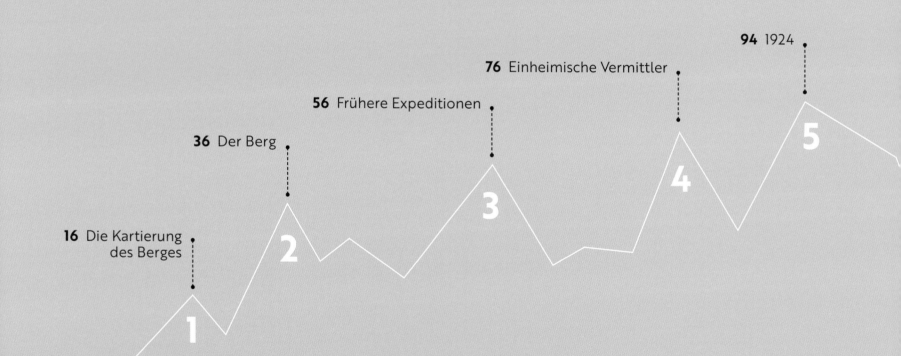

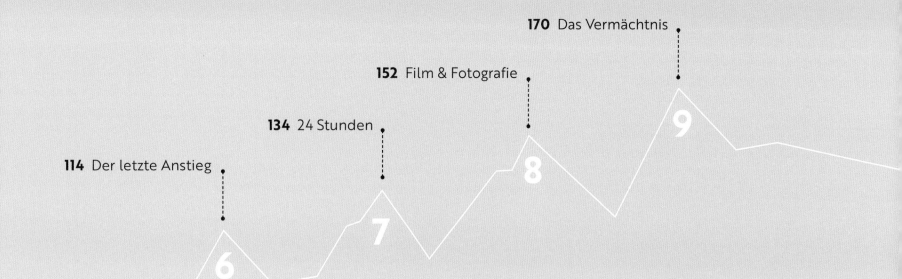

VORWORT

von Norbu Tenzing

Hundert Jahre nach dem Verschwinden von George Mallory und Andrew Irvine und etwas über 70 Jahre nach der Erstbesteigung des Mount Everest am 29. Mai 1953 blicken wir auf das ikonische Bild meines Vaters Tenzing Norgay, wie er auf dem Gipfel steht und die Flaggen von Großbritannien, Nepal, Indien und den Vereinten Nationen mit der rechten Hand hochhält. Das Bild inspiriert nicht nur Sherpas, sondern alle, die sich für das Bergsteigen begeistern.

Seit den frühen Everest-Expeditionen in den 1920er-Jahren waren Sherpas, Tibeter, Bhotias und andere einheimische Gemeinschaften unverzichtbar. Sie halfen den »Sahibs«, ihre Vorräte zum Basislager und weiter hinaufzutransportieren. 1929 begann der »Himalayan Club« – er wurde gegründet, »um Reisen und Erkundungen im Himalaja zu fördern und zu unterstützen und das Wissen über den Himalaja und die angrenzenden Gebirgsketten durch Wissenschaft, Kunst, Literatur und Sport zu erweitern« – kleine rote Trägerbüchlein herauszugeben, in denen die Expeditionsleiter die Arbeit und den Charakter ihrer Besitzer beschreiben konnten. Sie dienten als Zusammenfassung/Empfehlung für zukünftige Expeditionen. Der erste Eintrag im roten Büchlein meines Vaters vom 14. Juli 1936 stammte von Hugh Ruttledge, dem Leiter der Mount-Everest-Expedition von 1936. Er schrieb: »Charakter ausgezeichnet, Warrens Diener.«

Die Eintragungen im roten Büchlein meines Vaters nahmen mit der Zeit zu und in vielen wird er fälschlicherweise weiterhin schlicht als »Träger und persönlicher Diener« bezeichnet. Selbst als die Sherpas Bergerfahrung sammelten und sich durch ihre harte Arbeit, ihr Engagement und ihre Loyalität einen Namen machten, blieb die Beziehung zwischen Sherpas und »Sahibs« unverkennbar eine koloniale. Die Sherpas waren die dienstbaren Geister für die Erkundungsbestrebungen der Westler.

Erst Anfang der 1950er-Jahre begann sich die Rolle der Sherpas zu ändern. Hoch qualifizierte und erfahrene Sherpas wie mein Vater sahen sich nicht mehr nur als Träger und forderten berechtigterweise, vollwertige Mitglieder der Expeditionen zu werden. In den folgenden Jahrzehnten änderte sich das Bergsteigen im Himalaja weiter. Die Öffnung der Grenzen Nepals und die gleichzeitige schnelle Verbesserung der Ausrüstung zog Kletterer von Weltklasse in den Himalaja. Neue, kühne und herausfordernde Aufstiege, das Klettern ohne Sauerstoff sowie die Abfahrt vom Everest auf Skiern und Geschwindigkeitsrekorde kamen auf. Während der Entdeckergeist in den 1980er-Jahren blühte, wurden die Leistungen der Sherpas nur selten gewürdigt. Ihre Namen tauchten nicht einmal dann auf, wenn sie wichtige Bergsteigerrekorde aufstellten oder wenn sie starben.

Für viele Sherpas ist das Bergsteigen die wichtigste und manchmal auch einzige Einkommensquelle. Die Risiken, denen sie als Arbeiter im Hochgebirge ausgesetzt sind, waren schon immer hoch. Kamen sie bei einem Unfall in den Bergen ums Leben oder wurden arbeitsunfähig, so hatte das für ihre Familien schwerwiegende Folgen, die meist ihr weiteres Leben veränderten. Mein Vater setzte sich während seiner gesamten Bergsteigerlaufbahn für ihren Schutz ein. Aber dieses Problem besteht bis heute weiter.

Die Kommerzialisierung des Everest in den 1990er-Jahren änderte vieles. Die Sherpas waren nun gezwungen, auf der einen Seite ihre Kunden zu unterstützen, sich auf der anderen Seite aber auch bei Rekordaufstiegen zu bewähren. Durch diesen Spagat entwickelte sich eine Gruppe hoch qualifizierter Sherpa-Männer und -Frauen zu wahren Führungspersönlichkeiten. Damit geriet das Everest-Narrativ sowohl auf den Bergen als auch abseits davon allmählich unter die Kontrolle der Sherpas. Gebildete und unternehmerisch denkende Sherpas begannen, auf eigene Faust Expeditionen durchzuführen, und untergruben damit das Monopol ausländischer Anbieter. Heute gibt es einen zunehmenden Wettbewerb zwischen Reiseveranstaltern, sowohl vor Ort als auch im Ausland, was zu einer völlig veränderten Stimmung führte. Das Verhältnis zwischen Sherpas, die Höhenbergsteigen anbieten, und den zahlenden Bergsteigern änderte sich von einer Freund- und Gastbeziehung zu einer Kunden- und Dienstleisterverbindung.

Die Lawine am Everest von 2014, die 16 Sherpas in den Tod riss und 52 Kindern den Vater nahm, führte zu einer weiteren Wende. Zum ersten Mal protestierten die Sherpas vom Berg und in der weiteren Diaspora gegen armselige Löhne und schlechte Arbeitsbedingungen. Die Bilder der um ihre Rechte kämpfenden Sherpas schockierten die Welt, die es gewohnt war, sie immer dankbar lächeln zu sehen.

Das Aufkommen des Internets und der sozialen Medien beeinflusste die Bergsteigerindustrie im Himalaja auf unumkehrbare Weise. Ein neuer Schlag Abenteuerlustiger, die »Instagramer«, kommen nun zum Everest. Der Chomolungma, wie der Everest bei uns Sherpas und Tibetern heißt, ist zur »Everest GmbH« geworden, in der hoch qualifizierte Sherpas gezwungen sind, sich in immer neuen Weltrekorden zu beweisen.

Hundert Jahre nach George Mallorys letztem Versuch, den Gipfel zu erreichen, fasziniert der Everest noch immer. Doch die Bedingungen am Berg sind für die Bergsteiger nicht mehr dieselben. Schnee und Eis schmelzen rasant. Laut neuester wissenschaftlicher Berichte sollen 80 Prozent der Gletscher im Hindukusch und Himalaja bis 2100 verschwunden sein, wenn die Menschheit weltweit weiterhin so viel Kohlendioxid wie bisher ausstößt. Auch die Zahl der Menschen, die auf den Gipfel drängen, wächst weiter. Die Müllmenge, die ihre Expeditionen hinterlassen, nimmt zu und bedroht Land und Wasser.

Ein verantwortungsvoller Tourismus, bessere Arbeitsbedingungen für die lokalen Hochgebirgsbergsteiger und die Durchsetzung nachhaltiger Abfallbewirtschaftungspraktiken helfen dabei, die Auswirkungen auf die Umwelt zu verringern. Um das heilige und einst unberührte »Dach der Welt« für zukünftige Generationen zu erhalten, sind gemeinsame Anstrengungen unumgänglich: Die Bergsteiger müssen verantwortungsbewusst klettern, den Berg und seine Anwohner respektieren und die Belastung für das empfindliche Ökosystem verringern. Gleichzeitig müssen sie die Arbeit der Sherpas anerkennen und würdigen, die ihnen helfen, ihren Traum von der Besteigung des höchsten Berges der Erde zu verwirklichen.

GELEITWORT

Die Royal Geographical Society (mit Institute of British Geographers) ist die Fachgesellschaft und der Berufsverband der Geografen im Vereinigten Königreich. Wir fördern die Geografie und unterstützen Geografen im Vereinigten Königreich und in der ganzen Welt durch Forschung und Bildung.

Unsere international anerkannte Sammlung umfasst über zwei Millionen Objekte, darunter Fotografien, die bis zum Anfang dieses Mediums zurückreichen, sowie die größte private Kartensammlung der Welt. Eines der wichtigsten Archive innerhalb dieser breiten Sammlung ist das zu den neun britischen Mount-Everest-Expeditionen von 1921 bis 1953. Es enthält über 18 000 Fotografien und eine große Menge an Schriften: von Planungsdokumenten bis hin zu Expeditionsberichten und Briefwechseln.

Die Everest-Expeditionen wurden oft als der Kampf westlicher Männer gegen das Unbekannte dargestellt, die unter schwierigen klimatischen Bedingungen versuchen, den höchsten Gipfel der Welt zu erobern. Doch das ist bei Weitem nicht das einzige Narrativ, das unser Archiv zeigt. In den letzten zwei Jahrzehnten hat die RGS dieses Archiv geöffnet und in Zusammenarbeit mit Wissenschaftlern die wichtigen historischen Dokumente sorgfältig gesichtet. Dabei kamen die »verborgenen Geschichten« ans Tageslicht – die Geschichten der indigenen Bewohner des Himalajas und der Menschen aus anderen Teilen der Region, die durch ihre körperliche Arbeit oder ihr Fachwissen die Expeditionen unterstützten und sie zum Erfolg führten. Diese Archivarbeit erweitert auch unser Wissen über die wissenschaftlichen Fortschritte sowie über die Politik, die hinter diesen Unternehmungen stand.

Die Kapitel dieses Buches beleuchten einige der umfangreichen und bemerkenswerten Forschungsarbeiten, die in den letzten Jahren in unseren Everest-Archiven in Bezug auf die Expedition von 1924 durchgeführt wurden. Ich hoffe, es interessiert Sie, einige dieser unglaublichen neuen Perspektiven in *Tragödie am EVEREST – Die legendäre Expedition von George Mallory* kennenzulernen.

Professor Joe Smith

Direktor
Royal Geographical Society (mit Institute of British Geographers)

Am Abend des 10. März 1919 hielt ein selbstsicherer junger Armeeoffizier vor der Royal Geographical Society einen fesselnden Vortrag. John Noel erzählte von einer heimlichen Reise, die er sechs Jahre zuvor verkleidet durch Sikkim und Tibet gemacht hatte. Er hatte herausgefunden, welche Pässe zum Everest führen, und sich ihm bis auf 65 Kilometer genähert. Dort konnte er zwar nur die Bergspitze sehen, doch damit war er dem Gipfel so nahe gekommen wie kein Abendländer zuvor.

Noels Vortrag wurde zum Impuls für eine Everest-Expedition. Anfang April 1920 gründeten die RGS und der Alpine Club ein gemeinsames Komitee. Das Himalaja-Komitee einigte sich darauf, dass die RGS die Expedition bis zum Basislager führen und die umgebende Region kartieren würde, während der Alpine Club das Fachwissen und die Mannschaft zur Besteigung des Berges stellen würde. Dieses gemeinsame Vorgehen führte zu neun Everest-Expeditionen, die in der Erstbesteigung 1953 mündeten.

Die ersten beiden Expeditionen von 1921 und 1922 dienten der Erkundung, welche Ausrüstung, Logistik und Kletterstrategie für den Aufstieg auf den Gipfel notwendig waren. Die dritte Expedition von 1924 blieb am stärksten in Erinnerung. Das Team war unglaublich ausdauernd. Nach monatelangem starkem Wind beruhigte sich das Wetter schließlich kurz vor der Monsunzeit. Edward Norton stieg alleine los und erreichte eine Höhe von 8573 Metern (28 126 ft). Vier Tage später verschwanden George Mallory und Andrew Irvine beim Aufstieg über den Nordostgrat in den Wolken. Sie wurden nie mehr lebend gesehen, und es gibt seither nicht enden wollende Spekulationen darüber, ob sie den Gipfel erreichten oder nicht.

1953 wurde der Everest schließlich von Nepal aus über den Südostgrat durch eine Expedition bestiegen, die John Hunt führte. 1955 bestieg eine weitere britische Expedition zum ersten Mal den Kangchendzönga (8586 m/28169 ft). Das Himalaja-Komitee wurde somit nicht mehr länger benötigt, doch die Expedition von 1953 erzielte einen erheblichen Gewinn, mit dem die Mount Everest Foundation gegründet wurde. Diese Wohltätigkeitsorganisation finanziert Erkundungs- und Forschungsexpeditionen auf der ganzen Welt und wird von der RGS und dem Alpine Club gemeinsam verwaltet.

Dieses Buch würdigt die Vision, Entschlossenheit und Bestrebungen derjenigen, die vor einem Jahrhundert an diesem außergewöhnlichen Unternehmen beteiligt waren, und wurde durch das ungelöste Rätsel um das Schicksal von Mallory und Irvine angeregt. Vor allem aber unterstreicht es die außerordentlich erfolgreiche Partnerschaft zwischen der RGS und dem Alpine Club, die letztlich zur Erstbesteigung von zwei der drei höchsten Berge der Erde führte.

Simon Richardson

President
Alpine Club

EINLEITUNG

Willkommen zu *Tragödie am EVEREST – Die legendäre Expedition von George Mallory*, dem Buch zum 100. Jahrestag dieser mittlerweile berühmten Expedition.

Die Mount-Everest-Expedition von 1924 war ein herausragender Moment in der Bergsteigergeschichte des Himalajas. Sie war der Höhepunkt der zwei vorangehenden Expeditionen und festigte die weltweite Faszination für den mit 8849 Metern höchsten Berg der Welt. Die beispiellose Berichterstattung über die Expedition von 1924 – die der offizielle Fotograf John Noel unvergesslich auf Film festhielt und dessen Dokumentarfilm *The Epic of Everest* weltweit gezeigt wurde – sowie das Drama um das Verschwinden von George Mallory und Andrew Irvine verankerten den Berg im Bewusstsein einer breiten westlichen Öffentlichkeit.

Bergsteiger wie George Mallory, Andrew Irvine, Noel E. Odell und T. Howard Somervell kletterten für die Bergsteigergemeinde Europas und Nordamerikas in das Unbekannte, denn der Westen wusste zu dieser Zeit nur wenig über diese Region. Sie verwendeten dafür bahnbrechende neue Technologien, und das unter den schwierigsten Wetter-, Temperatur- und Höhenbedingungen der Welt. Doch die Expedition hatte auch noch eine andere Seite. Der Berg war den Tibetern, Sherpas, Bhotias und anderen Ethnien alles andere als unbekannt. Die Himalaja-Region ist ihr Zuhause und sie nennen den mächtigen Berg »Miti guti cha-phu long-nga« oder Chomolungma, was so viel wie »Muttergöttin der Welt« bedeutet. Für die Menschen, die im Schatten des Berges lebten, war er ein Objekt der Ehrfurcht und eine Quelle der Spiritualität. Als die britischen Expeditionsteams in Tibet eintrafen, musste daher ein Gleichgewicht zwischen dem Wunsch, den Berg zu besteigen, und dem Respekt vor den indigenen Gemeinschaften sowie der spirituellen Bedeutung des Berges geschaffen werden. Ohne das Wissen und die direkte Unterstützung dieser lokalen Gemeinschaften wären George Mallory und Andrew Irvine nie in der Lage gewesen, den Aufstieg zum Gipfel zu versuchen. Angesichts der kulturellen Haltungen der damaligen Zeit war es immer schwierig, eine gewisse Balance zu wahren.

In diesem Buch zeigen wir eine neu zusammengestellte Auswahl von Fotografien, die während der Expedition aufgenommen wurden, darunter handkolorierte Fotoplatten von John Noel, dem Kameramann der Expedition, und selten zu sehende Schwarz-Weiß-Bilder von Bentley Beetham. Zudem

1. Am Nordsattel. Dieses Foto zeigt Expeditionsmitglieder, darunter Sherpas, die sich während des Aufstieges zum Nordsattel, dem tiefsten Punkt eines der drei Grate, die zum Gipfel des Everest führen, im Schnee ausruhen. Für die Mount-Everest-Expedition von 1924 von J. B. Noel fotografiert.

wurden zeitgenössische Karten der Region, Briefwechsel von Expeditionsteilnehmern und eine Auswahl faszinierender Bilder von Gegenständen in diesem Band aufgenommen, die die unglaubliche Geschichte der Expedition von 1924 bezeugen.

Um die Expedition in einen Kontext zu stellen, ergänzten wir die Fotografien aus den Expeditionsarchiven mit zusätzlichen Bildern von historischen Ereignissen und wichtigen Persönlichkeiten und griffen dazu auf die frühen fotografischen Arbeiten des Himalaja-Pioniers Alexander Kellas und die atemberaubenden Bilder von John Claude White zurück, einem britischen Diplomaten, der damals in der Region tätig war.

Die Objekte, die Sie in diesem Buch sehen, gehören zur Sammlung der Royal Geographical Society (mit IBG). Als einer der Hauptpartner der Expedition, neben dem Alpine Club in London, besitzt die RGS von den neun britischen Mount-Everest-Expeditionen von 1921 bis 1953 über 18 000 Fotografien, die Teil einer größeren Sammlung von internationaler Bedeutung sind.

Das Buch nutzt die gesamte Bandbreite der Bilder aus der Sammlung der RGS und nicht nur diejenigen, die sich auf die Expedition von 1924 beziehen. Es versucht, die Expedition in ihrem historischen Umfeld zu zeigen und verständlich zu machen, warum sie als so wichtig erachtet wurde. So hofften etwa die britischen Behörden, das Erreichen des Gipfels würde das nationale Prestige verbessern und Großbritanniens Stellung in der Welt stärken. Ein weiteres Ziel ist es, die Aufmerksamkeit auf die Geschichten und den unschätzbaren Beitrag der indigenen Vermittler – der Übersetzer, Unterhändler, Beamten, Träger und Bergsteiger – zu lenken, ohne die diese Expedition überhaupt nicht möglich gewesen wäre.

Auch wenn wir die Geschichte chronologisch erzählen möchten, haben wir sie durch Essays führender Experten ergänzt, die sich der Rolle der indigenen Teilnehmer, der damaligen geopolitischen Situation, der Dokumentation der Expedition mithilfe von Fotografien und Filmaufnahmen sowie dem daraus resultierenden Vermächtnis der Expedition widmen. Jedes Kapitel beginnt mit einer kurzen Einleitung eines Experten, zeigt eine Bildstrecke mit einigen der beeindruckendsten und wichtigsten Bilder der Expedition und endet mit der Rubrik »Aus den Sammlungen«, die ein bestimmtes Thema oder einen interessanten Fotografen behandelt.

Wir hoffen, dass Ihnen dieses Buch Freude bereitet. Es ist eine Würdigung des Heldentums, der Entschlossenheit und des unbeugsamen Geistes aller Beteiligten, die versuchten, den Mount Everest im Jahr 1924 zu besteigen.

2. Zelt unter Eiszinnen. Schneestürme und extrem kalte Temperaturen machten es der Expedition von 1924 schwer, am Nordsattel ein Lager zu errichten. Das schwächte die Gruppe und verzögerte ihre Gipfelversuche. Für die Mount-Everest-Expedition von 1924 von J. B. Noel fotografiert.

ZEITLEISTE

1903–1904
Colonel Francis Younghus-
band führt eine »Expedition«
nach Tibet, die effektiv
ein kurzzeitiger Einmarsch
britisch-indischer Truppen ist.

1909
Der Amerikaner Robert E. Peary
behauptet, zusammen mit
Matthew Henson und den Inuit
Ootah, Egigingwah, Seegloo
und Ooqueah den Nordpol
erreicht zu haben.

14. Dezember 1911
Der Norweger Roald
Amundsen gewinnt den
Wettlauf zum Südpol,
zusammen mit Olav
Bjaaland, Helmer Hans-
sen, Sverre Hassel und
Oscar Wisting.

17.–18. Januar 1912
Der Brite Captain Robert
Falcon Scott und seine
Begleiter Edward Wilson,
Edgar Evans, Lawrence
Oates und Henry Bowers
erreichen den Südpol,
sterben aber auf dem
Rückweg.

1921
Die britische Mount-Everest-
Reconnaissance-Expedition
1921, an der George Mallory
beteiligt war, erreicht den
Nordsattel auf 7010 Metern
(23 000 ft) Höhe und findet
damit eine mögliche Route
auf den Gipfel.

1922
Die Mount-Everest-Expe-
dition 1922, an der Mallory
auch teilnimmt, schafft
es mit Flaschensauerstoff
auf 8321 Meter (27 300 ft).
Die Träger Lhakpa, Narbu,
Pasang, Pemba, Sange,
Temba und Antarge
sterben in einer Lawine.

**Mount-Everest-Expedition
1924**
George Mallory und Andrew
Irvine verschwinden beim
letzten Anstieg. Seitdem wird
gerätselt, ob sie den Gipfel erreichten oder nicht. Während
der Expedition starben auch
Man Bahadur und Lance-Naik
Shamsherpun.

1933
Die Mount-Everest-
Expedition 1933
erreicht 8571 Meter
(28 120 ft).

1933
Irvines Eispickel wird in
der Nordwand des Everest
gefunden.

1935
Die Mount-Everest-Ex-
pedition 1935, die als Erkundungsexpedition für
die Expedition von 1936
geplant war, besteigt
einige niedrigere Gipfel.
Einer der Teilnehmer war
Tenzing Norgay.

1936
Die Mount-Everest-
Expedition 1936 wird durch
schlechtes Wetter und eine
Lawine beeinträchtigt.

1938
Die Mount-Everest-Expedition 1938 scheitert bei ihrem Versuch, den Gipfel zu erreichen, am schlechten Wetter.

1951
Die Mount-Everest-Reconnaissance-Expedition 1951 erkundet eine neue Route, um den Mount Everest von Nepal aus über die Südseite zu besteigen.

1952
Mit der Schweizer Mount-Everest-Expedition erreichen Raymond Lambert und Tenzing Norgay eine Höhe von 8595 Metern (28199 ft).

29. Mai 1953
In der britischen Mount-Everest-Expedition 1953 erreichen Edmund Hillary (Neuseeland) und Tenzing Norgay (Nepal) als erste bestätigte Besteiger den Gipfel des Mount Everest.

1975
Junko Tabei (Japan) ist die erste Frau auf dem Gipfel des Mount Everest.

1978
Reinhold Messner (Italien) und Peter Habeler (Österreich) ersteigen als erste Bergsteiger den Gipfel des Mount Everest ohne Flaschensauerstoff.

1988
Lydia Bradey (Neuseeland) erreicht als erste Frau den Gipfel des Mount Everest ohne Sauerstoffflaschen.

1999
Die Mallory-and-Irvine-Research-Expedition entdeckt in 8156 Metern (26760 ft) Höhe die Leiche von George Mallory.

2003
Sibusiso Emmanuel Vilane (Swasiland) ist der erste schwarze Mann auf dem Gipfel des Mount Everest.

2019
Saray Khumalo (Sambia) erreicht als erste schwarze Afrikanerin den Gipfel des Mount Everest.

1

DIE KARTIERUNG DES BERGES

Der Gebirgszug des Himalajas umfasst über 100 Gipfel mit über 7300 Metern Höhe und erstreckt sich von den Tiefebenen des indischen Subkontinentes bis zum Hochland von Tibet. Als vor über 40 Millionen Jahren die indische und eurasische Platte zusammenstießen, begann sich der Himalaja herauszubilden, wuchs aber erst vor etwa 20 Millionen Jahren wirklich in die Höhe. Der Hochhimalaja mit dem Everest ist etwa 2250 Kilometer lang. Vermutlich entwickelte er sich erst in den letzten 600 000 Jahren zum höchsten Berg der Erde.

Die imposante Bergkette ist sowohl ein erhebliches Hindernis für Reisende und den Handel als auch eine der schönsten und dramatischsten Regionen der Erde. Die Vermessung und Kartierung dieser vielschichtigen Landschaft wurde über lange Zeit aus vielerlei Gründen immer wieder versucht: Die zentrale Lage zwischen China, Indien, Nepal, Sikkim und Bhutan verlieh Tibet eine strategische Bedeutung. Doch schon die Gebirgslandschaft an sich fasziniert.

Die Vermessung eines Gebietes in der Größe des Himalajas zu Fuß zu bewerkstelligen, ist allerdings kein einfaches Unterfangen, schon gar nicht bei dieser komplexen Geografie, einer sich fortwährend ändernden politischen Landschaft, internationalen Interessensgegensätzen und dem extremen Klima.

Der Himalaja wurde im Laufe der Zeit von vielen Nationen und auf viele Arten kartiert. Ein Vergleich der ersten gedruckten europäischen Karten von Jean-Baptiste Bourguignon d'Anville, die 1733 erschien (Bild 4, S. 21), mit der Kopie einer eindrucksvollen tibetischen Bildkarte aus der Zeit vor 1898 (Bild 7, S. 25) verdeutlicht die unterschiedlichen Ansätze zur Kartierung der Region und ihre unterschiedlichen Zwecke.

Dieses Kapitel präsentiert auch Bilder, die die britischen Bemühungen in den 1920er-Jahren zeigen, unterstützt von Tibetern, Sherpas und Gurkhas gezielt Bergkarten zum Klettern zu erstellen. Sie zeigen zum Beispiel Henry T. Morshead und Gujjar Singh am Messtisch (Bild 3, rechts), wie sie das Gebiet mathematisch genau kartieren. Ihre Arbeit wurde durch die Luftaufnahmen von Edward O. Wheeler verfeinert, welche die exakten Formen der Berge präzise aufzeigten (Bild 12, S. 31). Diese internationalen Anstrengungen verfeinerten von Jahr zu Jahr die geografische Darstellung des Mount Everest.

»Ich fange an, mich auf den Tag zu freuen, an dem Gletscher nicht mehr wie in den frühen Studien von Indern oder Weißen ohne Kopf oder Schwanz dargestellt werden – das heißt, ohne ihre Firnfelder oder ihre von Moränen bedeckten unteren Teile oder mit Flüssen, die über ihnen entspringen und durch sie fließen. Mit der Zeit wird vielleicht jeder heimliche Kartograf erkennen, dass Gletscher nicht auf den Gipfeln hoher Gebirgskämme liegen, sondern durch Täler fließen.«

– Douglas Freshfield, »On Mountains and Mankind« (Über Berge und Menschen), Ansprache des Präsidenten an die geografische Abteilung beim Cambridge-Treffen der British Association, 1904

3. Henry Morshead am Messtisch mit Gujjar Singh (rechts neben ihm stehend) während der Mount-Everest-Reconnaissance-Expedition 1921. Morshead führte die Arbeitsgruppe des Survey of India. 1920 hatte er gemeinsam mit dem schottischen Bergsteiger Alexander Kellas versucht, den Kamet in Indien zu besteigen. Fotografiert von C. K. Howard-Bury, handkoloriert von J. B. Noel.

DIE GESCHICHTE DER KARTIERUNG

Essay von Dr. Katherine Parker

In den Begegnungen des Westens mit dem Berg, der heute Everest genannt wird, spielten seine Visualisierung und Aufnahme in die fortschreitende Kartierung der Region von Anfang an eine wichtige Rolle. Um den Berg zu besteigen, musste man ihn kennen – seine Höhe, die Zugänge zu ihm, seinen Aufbau, seine Klippen und Klüfte. Das Erfassen der Geografie des Everest ist ein Prozess, an dem verschiedenste Personen beteiligt waren und der bis heute andauert, denn das gebirgige Gelände verformt sich kontinuierlich und der zunehmende menschliche Einfluss sowie der Klimawandel bringen ebenfalls Veränderungen mit sich.

Tibeter, Sherpas, Bhotias und andere Bergvölker kennen den Berg seit Jahrhunderten und leben mit ihm. Bis heute ist er für die dort Ansässigen von religiöser Bedeutung. Die Tibeter nennen den Gipfel Chomolungma, für die Nepalesen ist er der Sagarmatha. Auch die Chinesen waren mit der Region vertraut. Sie vermaßen die Gegend zwischen 1708 und 1716. In einer Karte der Jesuiten (1717/18), die darauf beruhte, erschien der Berg als Teil einer Gruppe, die Jumu Lungma Alin hieß. Der französische Geograf und Kartograf Jean-Baptiste Bourguignon d'Anville übertrug die Informationen aus dieser Vermessung in die erste europäische Karte des Gebietes, die *Carte Générale du Tibet ou Bout-tan et des Pays de Kashgar et Hami* (1733). Die Briten waren vom Hochhimalaja vor allem wegen seiner Höhe fasziniert. James Rennell, Ende des 18. Jahrhunderts der Generalvermesser von Bengalen, führte in den 1770er-Jahren eine umfassende Vermessung großer Teile Indiens durch und nahm an, dass die Bergkette höher als die Anden sei, die damals als das größte Gebirge der Welt galten. Rennells Vermessung führte zur Great Trigonometrical Survey (GTS, Große Trigonometrische Vermessung), einem imperialen Projekt, das Südasien durch ein Raster präziser Messungen für die Kolonialisten physisch und geistig erschließen sollte.

Clements Markham, von 1893 bis 1905 Präsident der Royal Geographical Society, nannte die Vermessung »eine der erstaunlichsten Arbeiten in der Geschichte der Wissenschaft«. Das Projekt begann 1802 unter der Leitung des britischen Landvermessers William Lambton in Madras. Lambtons Interesse galt der Geodäsie, der Erforschung der genauen Form der Erde. Sein Ziel war es, ihre Krümmung durch ein als Triangulation bekanntes Verfahren zu messen. Dabei wurde eine Grundlinie zwischen zwei Punkten, die in der Regel etwa elf Kilometer (sieben Meilen) voneinander entfernt lagen, mithilfe einer auf Holzböcken montierten Kette von genau bekannter Länge abgemessen. Anschließend wurde von jedem der beiden Punkte aus mit einem Theodoliten, einem Vermessungsinstrument, das zugleich vertikale und horizontale Winkel misst, der Winkel zwischen der Grundlinie und der Sichtlinie zu einem dritten Punkt gemessen. 1818 stieß der

4. Die erste gedruckte Karte von Asien erstellte Jean-Baptiste Bourguignon d'Anville 1733. Der »Tchoumour Lancma« (Chomolungma, der tibetische Name für den Everest) ist auf der Karte als »Tchoumour lancma M.« am unteren Rand in der Mitte (rechts vom Maßstabskasten direkt nördlich des 27. Breitengrades) eingetragen.

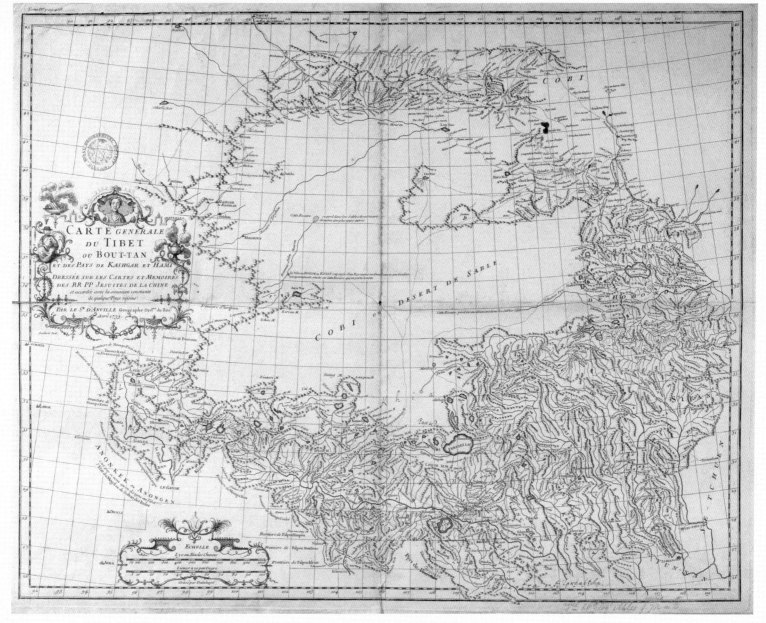

CARTE GENERALE
DU TIBET
OU BOUT-TAN
ET DES PAYS DE KASHGAR ET HAMI
DRESSEE SUR LES CARTES ET MEMOIRES
DES RR PP JESUITES DE LA CHINE
et accordée avec la situation constante
de quelque Pays voisins
PAR LE Sr D'ANVILLE Geographe Ordre du Roi
Avril 1733.

ECHELLE

junge Artillerieoffizier George Everest als Assistent Lambtons zur GTS. Nach Lambtons Tod 1823 übernahm er als Superintendent die Leitung des Projektes und wurde später auch zum Generalvermesser von Indien ernannt. Everest führte Lambtons Arbeit weiter und vervollständigte das später »Lambton's Great Arc« (Lambtons Großer Arkus) genannte geometrische Triangulationsnetz, das sich durch die gesamte Länge des indischen Subkontinentes bis zum Himalaja zog.

Die GTS-Vermesser begutachteten Gipfel von mehreren Standorten aus, wodurch sie mit beträchtlicher Genauigkeit den höchsten feststellen konnten. Viele dieser Vermesser und Berechner waren gebürtige Inder, die sogenannten Pundits, die heimlich die Gebiete nördlich von Britisch-Indien erforschten. Der »Chief Computor«, der bengalische Mathematiker Radhanath Sikdar, berichtete, die Beobachtungen der Pundits würden darauf hinweisen, dass ein wenig bekannter Gipfel vermutlich der höchste der Erde sei. Die GTS-Vermesser nummerierten die Gipfel durch und versuchten, ihre lokalen Namen herauszufinden, fanden jedoch für den höchsten Berg, den Peak XV, in ihrem begrenzten Netzwerk keine Hinweise auf einen lokalen Namen. Daher schlug Andrew Waugh 1856 in einem Brief an Sir Roderick Murchison den Präsidenten der Royal Geographical Society vor, den von Sikdar genannten Berg nach Waughs Vorgänger Everest zu benennen. Die Pundits der GTS vermaßen zu Beginn den östlichen Himalaja, da den Europäern der Zugang zu diesem Gebiet verwehrt war. Diese gut ausgebildeten Inder gaben sich während ihrer Vermessungsarbeiten als Händler oder Lamas aus. Einer der wichtigsten Vermesser des Everest war Hari Ram, der den Berg zum ersten Mal umrundete, ohne ihn ausdrücklich zu erwähnen. Später gelang es auch kleinen Gruppen von Europäern, zum Berg und in seine Umgebung vorzustoßen. So etwa 1904, als Charles Henry Dudley Ryder, Cecil G. Rawling, Frederick M. Bailey und Henry Wood im Rahmen der von Sir Francis Younghusband geführten Militärexpedition nach Lhasa den Kara-La-Pass vermaßen, den Berg fotografierten und bestätigten, dass der Everest der höchste Gipfel der Erde ist. Die unmittelbare Umgebung des Berges wurde jedoch nicht erfasst.

Der erste groß angelegte, konzertierte Versuch, den Berg zu erkunden, erfolgte 1921, als der Dalai Lama die Erlaubnis erteilte, den Berg für einen Besteigungsversuch im darauffolgenden Jahr zu vermessen. Die von Colonel Charles Howard-Bury geleitete Expedition vermaß ein Gebiet von der Größe der Schweiz und erstellte eine Übersichtskarte im Maßstab 1:253 440 (4 Meilen:1 Zoll) sowie eine detaillierte Karte im Maßstab 1:63 360 (1 Meile:1 Zoll). Laut Michael Ward versuchten sie, »eines der letzten großen Ziele der Kartierung und Gebirgserkundung« zu erreichen. Die

5

5. Die Indexkarte des Great Trigonometrical Survey of India von 1870 zeigt die Dimensionen der Vermessung von Südindien bis zu den Gipfeln des Himalajas. In der Mitte verläuft die »Great Arc Series«, die oft als »Lambton's Great Arc« (Lambtons Großer Arcus) bezeichnet wird. Ihr geometrisches Triangulationsnetz zieht sich durch die gesamte Länge des Subkontinentes.

Vermessungsgruppe aus Lalbir Singh Thapa, Gujjar Singh, Turubaj Singh, Henry T. Morshead, Edward O. Wheeler, dem Fotografen Abdul Jalil Khan und 16 Trägern führte sorgfältige Beobachtungen und Aufzeichnungen durch. Sie fertigten eine hochaufgelöste Karte aus drei Blättern im Maßstab 1:63360 an, die die Gletscher des Berges und mögliche Routen zum Gipfel auf der Nordseite zeigt. Zudem nahmen sie eine Reihe Fotos von hoher Qualität auf.

Die Expeditionen von 1922 und 1924 stützten sich auf die Vorarbeit der Mount-Everest-Reconnaissance-Expedition von 1921 und erweiterten sie. Hari Singh Thapa war der Vermesser der Mount-Everest-Expedition von 1924 und ergänzte die Beobachtungen seiner Vorgänger mit seinen eigenen, wie an den 1925 veröffentlichten Karten zu sehen ist (s. S. 32–33). Er leitete insbesondere die Vermessung des Gyachung-Kang-Gletschers und des Gebietes östlich des Rongpu-Klosters; danach vermaß er mit einem Team, das der erfahrene Bergsteiger John de Vars Hazard begleitete, auch den Kopf des West-Rongpu-Gletschers. Beispiele seiner handgezeichneten Profilskizzen befinden sich heute zusammen mit den gedruckten Karten, zu denen er beigetragen hat, in den Sammlungen der RGS.

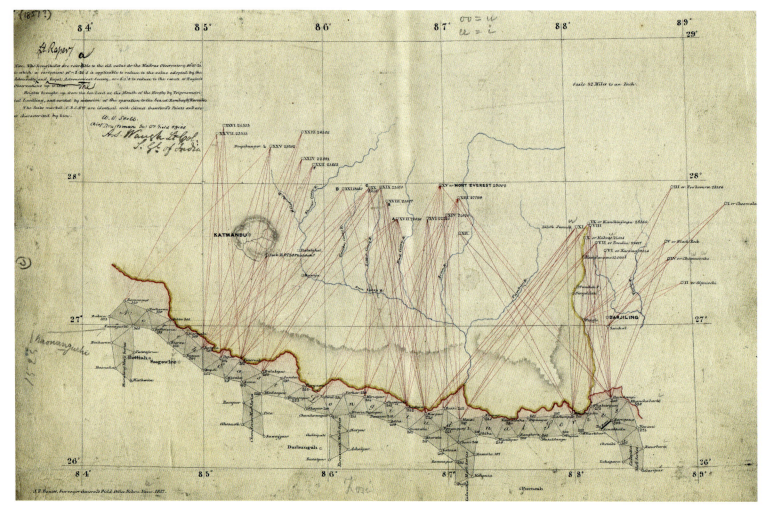

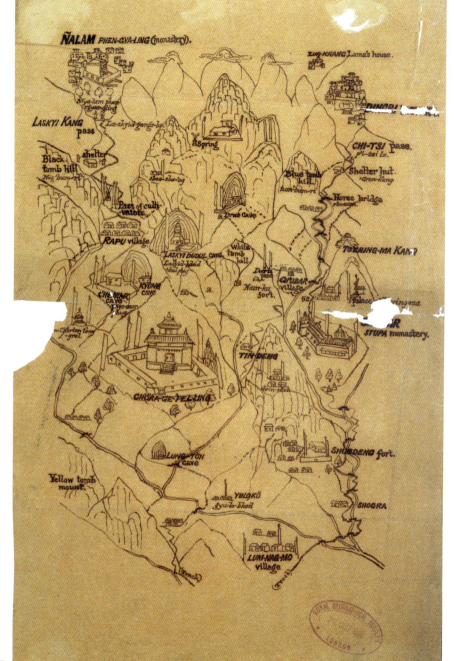

6. Die Karte zeigt die Triangulation der Gipfel I bis XXVII, darunter des Mount Everest (Gipfel XV). Sie lag dem Bericht »On Mounts Everest and Deodanga« (Über den Mount Everest und Deodanga) von Andrew Waugh bei, der in den *Proceedings of the Royal Geographical Society of London*, Vol. 2 (1857/58) erschienen ist.

7. Nachzeichnung eines Fotos einer tibetischen Bildkarte des Gebietes um den Mount Everest. Die Karte wurde 1898 im *The Geographical Journal* reproduziert und war Teil des Artikels »The environs and native names of Mount Everest« (Die Umgebung und die einheimischen Namen des Mount Everest) von L. A. Waddell.

7

8. Lambtons großer Theodolit, den William Lambton und George Everest für den Great Trigonometrical Survey of India benutzten. Bei einem Gewicht von etwa einer halben Tonne wurden zwölf Männer zum Tragen benötigt. George Everest lobte oft die unschätzbare Arbeit von Syed Mir Mohsin Hussain, dessen Kompetenz in der Kalibrierung und Reparatur des Instrumentes für den Erfolg der Vermessung wesentlich war.

9. Vorläufige Karte mit Originalmessungen der Mount-Everest-Abteilung von 1921. Der rot abgegrenzte Teil im unteren mittleren Bereich der Karte zeigt das Gebiet, das von Edward O. Wheeler und seinen drei tibetischen Assistenten Gorang, Lagay und Ang Pasang fotografisch vermessen wurden.

8

9

10. Drei Fotografien, die
Edward O. Wheeler während der
Mount-Everest-Reconnaissance-
Expedition 1921 aufnahm. Sie
zeigen den Mount Everest vom
Ost-Rongpu-Gletscher aus.

11

11. Edward O. Wheelers Fotogrammetrie-Trupp der Mount-Everest-Reconnaissance-Expedition 1921. Mit topografischen Fotogrammetriegeräten vermaßen Wheeler und seine drei tibetischen Assistenten Gorang, Lagay und Ang Pasang systematisch das Gebiet direkt um den Mount Everest. Fotografiert von A. F. R. Wollaston.

12. Vorläufige Karte des Mount Everest, erstellt durch die RGS aus Fotografien und Skizzen der Expedition von 1921. Die roten Punkte zeigen die Stellen, von denen aus Charles Howard-Bury mit einer Kodak-Panorama-Kamera eine Reihe von Panoramen aufnahm.

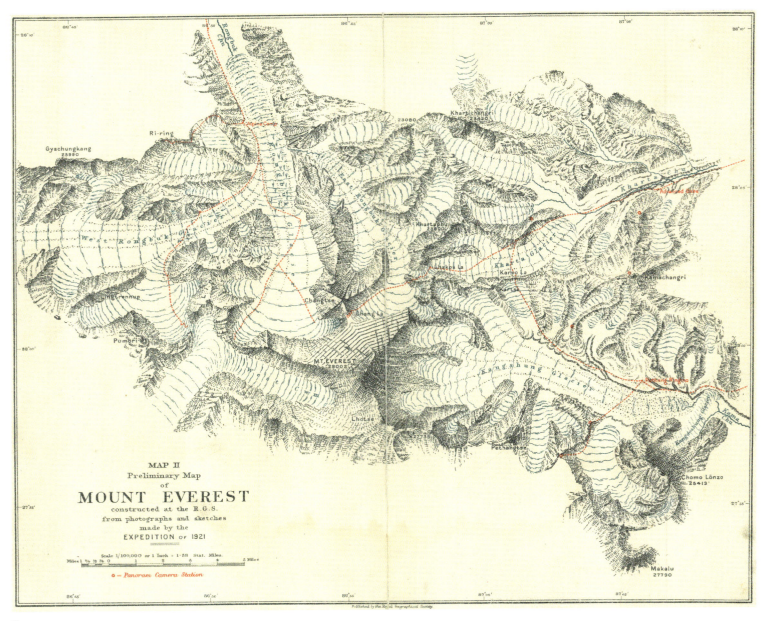

MAP II
Preliminary Map
of
MOUNT EVEREST
constructed at the R.G.S.
from photographs and sketches
made by the
EXPEDITION of 1921

Scale 1/100,000 or 1 Inch = 1·58 Stat. Miles.
Miles 1 ¾ ½ ¼ 0   1   2   3   4   5 Miles

o = Panoram Camera Station

Published by the Royal Geographical Society

13

13. Eine abgepauste Kopie der Original-messungen von Hari Singh Thapa, einem indischen Vermesser, der zur Mount-Everest-Expedition 1924 gehörte.

14. Mount Everest und die Chomo-Lungma-Gruppe. Gezeichnet von Charles Jacot-Guillarmod aus den Vermessungsfotografien von E. O. Wheeler für die Mount-Everest-Reconnaissance-Expedition von 1921, mit Ergänzungen des Vermessers Hari Singh Thapa in der Expedition von 1924 und aus Fotografien der drei Expeditionen. 1925 veröffentlicht von der Royal Geographical Society.

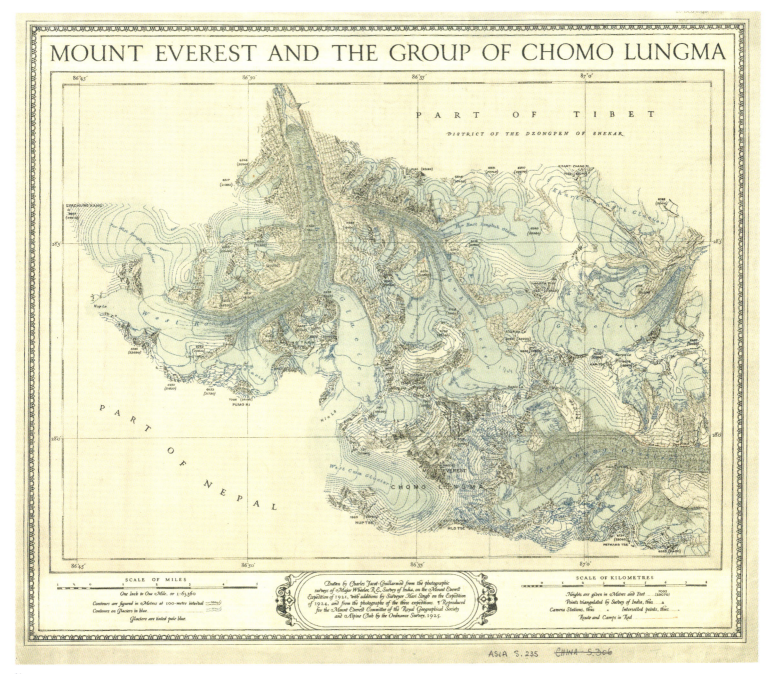

MOUNT EVEREST AND THE GROUP OF CHOMO LUNGMA

PART OF TIBET

DISTRICT OF THE DZONGPEN OF SHEKAR

PART OF NEPAL

MOUNT EVEREST
CHOMO LUNGMA

SCALE OF MILES

One Inch to One Mile, or 1:63,360

Contours are figured in Metres at 100-metre interval
Contours on Glaciers in blue.

Glaciers are tinted pale blue.

Drawn by Charles Jacot-Guillarmod from the photographic
surveys of Major Wheeler, R.E., Survey of India, on the Mount Everest
Expedition of 1921, with additions by Surveyor Hari Singh on the Expedition
of 1924, and from the photographs of the three expeditions. ¶ Reproduced
for the Mount Everest Committee of the Royal Geographical Society
and Alpine Club by the Ordnance Survey, 1925.

SCALE OF KILOMETRES

Heights are given in Metres and Feet
Points triangulated by Survey of India, thus
Camera Stations, thus   Intersected points, thus
Route and Camps in Red

DIE PUNDITS

Aus den Sammlungen

Als die Great Trigonometrical Survey (GTS) die Ausläufer des Himalajas erreichte, verhinderte das angespannte politische Klima der Zeit den Zugang zu den damals unabhängigen Königreichen Nepal, Sikkim und Bhutan sowie nach Assam, den Gebieten der North-East Frontier Agency und Tibet. Das hinterließ auf den Karten des Survey of India große weiße Lücken im Himalaja. Im damaligen politischen Machtgerangel des »Great Game« – der Rivalität zwischen dem Britischen und dem Russischen Reich um Zentral- und Südasien – waren strategische Kenntnisse der Region für die Briten jedoch äußerst wichtig.

Thomas Montgomerie, der 1851 zum GTS kam, erkannte, dass die Lösung des Problems die Ausbildung von Indern in Vermessungstechniken war. Die Pundits (abgeleitet vom Hindi-Wort *pandit* für Gelehrter) lernten, verkleidet als Händler oder Lamas (Mönche und Priester), Beobachtungen anzustellen, ohne die Aufmerksamkeit der örtlichen Behörden auf sich zu ziehen. Sie waren so trainiert, dass sie für eine Meile genau 2000 Schritte benötigten, und sie verwendeten eine speziell entworfene buddhistische Gebetskette zum Zählen. Ihre Aufzeichnungen versteckten sie in einer Mani-Kholo, einer Gebetsmühle, die zu ihrer Verkleidung gehörte. Die Pundits waren monate-, manchmal sogar jahrelang unterwegs und oft gefährlichen Situationen ausgesetzt. Viele kehrten nie zurück.

Einer der ersten Pundits, die Tibet erkundeten, war der Bhotia Nain Singh, ein Lehrer aus Milam im nördlichen Kumaon in Uttar Pradesh. Zwischen 1865 und 1866 legte er etwa 1900 Kilometer zurück und zeichnete die Lage der tibetischen Hauptstadt Lhasa sowie den Flusslauf des Yarlung Tsangpo auf und kartierte die südliche tibetische Handelsstraße. 1874 und 1875 reiste er nochmals 2250 Kilometer von Leh nach Zêtang. Auch andere Mitglieder der Familie Singh trugen zur Erforschung der Himalaja-Region bei, so wie Kishen Singh (Codename A-K), ein Cousin Nain Singhs. In einer 4500 Kilometer langen Reise kartierte er den Weg von Lhasa nach Norden bis nach Xinjiang hinein. Diese weniger bekannten Mitwirkenden am Great Trigonometrical Survey of India halfen nicht nur, die Lücken in den Karten zu füllen, sondern lieferten auch wertvolle geografische und kulturelle Erkenntnisse über diese Regionen.

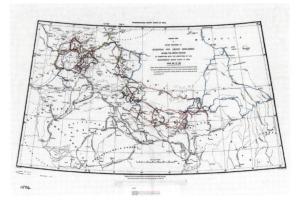

15

16

17

18

19

15. Hinter der Grenze: von europäischen und asiatischen Forschern gegangene Routen jenseits des britischen Grenzlandes im Zusammenhang mit den Tätigkeiten des Trigonometrical Branch, Survey of India, von 1865 bis 1883. Die Karte zeigt die Wege der Pundits Nain Singh, Kishen Singh, Kalian Singh, Mani Singh, der Mullah, der Havildar, der Mirza, Hari Ram und Sarat Chandra Das.

16. Einer von zwei Teilen einer Karte des Survey of India, welche die Route Nain Singhs von Ladakh nach Assam durch Großtibet 1874 zeigen. Die Missionen der Pundits waren geheim und jeder von ihnen erhielt einen Codenamen: Nain Singhs Codenamen waren »der Pundit«, der »Oberpundit« oder »Nummer eins«.

17. Der Pundit Sarat Chandra Das überquert 1879 auf einem Yak in 5500 Metern Höhe den Donkhya-Pass. Chandra Das wurde in Chittagong in Ostbengalen geboren, studierte Bauwesen in Kalkutta und arbeitete als Direktor eines Bhotia-Internates in Darjeeling. Sein Buch *A Journey to Lhasa and Central Tibet* (Eine Reise nach Lhasa und Zentraltibet, 1902) liefert einen detaillierten Bericht über Lhasa und Südtibet.

18. Rai Bahadur Kishen Singh Milamwal, 1905. Während seiner Reise von 1878 bis 1882 wurde Kishen Singh ausgeraubt, wegen Spionageverdacht inhaftiert und in Lhasa über ein Jahr festgehalten, weil er auf die Abreise seiner Karawane warten musste. Fotograf unbekannt.

19. Eine Fotogravüre von Nain Singh, der als Pundit für den Survey of India arbeitete, bis seine Identität 1876 aufgedeckt wurde. Ihm wurde 1877 die Founder's Medal der Royal Geographical Society verliehen, »für seine großartigen Reisen und Vermessungen in Tibet und entlang des oberen Brahmaputra, während denen er die Lage Lhasas bestimmte und in hohem Maß zu unserem Wissen über die Karte Asiens beitrug«.

2

DER BERG

Der 8849 Meter hohe Mount Everest steht auf der Grenze zwischen Nepal und Tibet. Zum Gipfel führen viele Routen, doch in den 1920er-Jahren versuchten die Briten ausschließlich von Norden aus, über Tibet den Gipfel zu besteigen, da Nepal – eingezwängt zwischen Indien und China – aufgrund seiner Isolationspolitik für die Außenwelt verschlossen blieb. Tibet hatte eine zutiefst religiöse Gesellschaft, die von den Klöstern und dem Dalai Lama beherrscht wurde. England und China konkurrierten um den Einfluss auf das Land, das durch Waffenlieferungen der Briten für das tibetische Militär Verbindungen zu England pflegte.

Der britische Zugang zum Berg erfolgte über das 1902 gegründete Rongpu-Kloster, das vielen Tibetern als heiliges Tor zum Everest galt. Das Kloster war für die Sherpas, die in der nepalesischen Khumbu-Region lebten, auch ein wichtiger Wallfahrtsort, was der ohnehin heiklen politischen Situation noch eine sensible spirituelle Note verlieh. Das Kloster in 5009 Metern Höhe steht in wahrhaftig atemberaubender und beherrschender Lage am Nordende des Rongpu-Tales über dem Rongpu-Gletscher, der von den beiden Gletschern Ost- und West-Rongpu gespeist wird.

Unter den vielen fesselnden Bildern dieses Kapitels finden Sie auch eine der ältesten Fotografien des Mount Everest in der Sammlung der RGS: ein Panorama des Himalajas mit dem Berg, das vom Sandakphu in Sikkim aufgenommen wurde (Bild 23, S. 44–45). Obwohl der Gipfel des Everest noch immer unerreichbar war, näherten sich Expeditionen 1921 seinen Hängen und erlangten weitaus größere Klarheit über seine geografischen Details, wie es A. F. R. Wollastons tolles Foto von 1921 dokumentiert (Bild 24, S. 46). In diesen frühen Expeditionen entwickelten ihre Teilnehmer auch ein besseres Verständnis für die Menschen und Klöster, auf die sie stießen, insbesondere für das Rongpu-Kloster und seinen Abt Lama Zatul Rinpoche, den C. J. Morris 1922 fotografierte (Bild 31, S. 53).

20. Mount Everest im Morgenlicht, vom Lager auf 6858 m (22500 ft) aus. Fotografiert von George Mallory während der Mount-Everest-Reconnaissance-Expedition 1921. Mallory beschrieb 1921 seine Begeisterung und sein Staunen beim ersten Blick auf den Everest: »Allmählich, ganz allmählich sahen wir die großen Berghänge, Gletscher und Grate – nun ein Bruchstück und noch eines durch die treibenden Risse, bis der weiße Gipfel des Everest weit höher am Himmel erschien, als die Fantasie es zu erahnen gewagt hatte.«

»*Eines Tages werden die politischen Schwierigkeiten überwunden sein und eine voll ausgerüstete Expedition muss den Mount Everest erkunden und kartieren.*«

– John Noel, Rede in der Royal Geographical Society, März 1919

DER EVEREST UND DIE GRENZEN DES EMPIRE

Essay von Dr. Jonathan Westaway

Nach seiner Bestätigung als höchsten Berg der Welt im Jahr 1856 wurde der Mount Everest durch Fernerkundung, Kartografie und die Einführung neuer Toponyme nach und nach greifbarer und die Erkenntnisse wurden in die Verwaltung des British Empire integriert. Dieser Prozess überlagerte häufig ältere indigene und regionale Topografien.

Als Objekt wissenschaftlichen und geostrategischen Interesses war das Sammeln von Erkenntnissen über den Mount Everest Teil eines umfassenderen Projektes, um Asien für die Briten von Indien aus steuerbar zu machen. Die Briten konstruierten rund um die Vermessung des Everest eine Entdeckungsgeschichte, die seine Unsichtbarkeit für westliche Wissensformen betonte und erhebliche kartografische Ängste vor Lücken auf der Karte dieser sensiblen Grenzregion ausdrückte. Noch 1921 konnte Sir Francis Younghusband sagen: »Wir wissen nichts über die direkten Zugänge zum Berg.«

Was diese westlichen Berichte nicht berücksichtigten, war die spirituelle Bedeutung der Sichtbarkeit des Everest in anderen Kulturformen, insbesondere denen des tibetischen Buddhismus. Als Charles Howard-Bury in Kalimpong den Missionar Dr. J. A. Graham besuchte, hielt er eine Unterhaltung mit David Macdonald fest, dem damaligen britischen Handelsagenten im tibetischen Yatung und kommissarischen Verbindungsbeamten in Sikkim. Macdonald war Anglo-Sikkimer und sprach fließend Tibetisch. Howard-Bury notierte: »Er erzählte mir, dass ein alter tibetischer Lama, der den Mount Everest gut kannte, ihn als ›Miti guti cha-phu long-nga‹ bezeichnete, als ›der Berg, der aus allen Richtungen sichtbar ist und wo der Vogel erblindet, wenn er so hoch fliegt‹.« Für tibetische und nepalesische Buddhisten war die Sichtbarkeit des Everest nicht nur physischer Natur, sie wurde auch von spirituellen Geografien geprägt: Der Gipfel war die Wohnstätte von Jomo Miyo Lang Sangma, der Göttin des unerschöpflichen Gebens und eine der fünf Schwestern des langen Lebens, eine Berggottheit, die die Sherpas der Solu-Khumbu-Region in Nepal noch heute verehren. Diese konkurrierenden Narrative von Unsichtbarkeit und Sichtbarkeit verdeutlichen den Status des Mount Everest als Grenzobjekt. Der Berg liegt auf der internationalen Grenze zwischen Nepal und Tibet, die beide zu dieser Zeit Reisenden aus dem Westen verschlossen waren. Beide Länder waren Teil der geostrategischen Überlegungen in Britisch-Indien und Teil eines Bogens aus »Pufferstaaten«, von dem die Briten hofften, dass er jegliche Einflüsse aus dem Russischen und dem Chinesischen Reich verhindern und dabei helfen würde, die Wege über die Himalaja-Pässe nach Indien zu sichern, die Invasionsarmeen benutzen könnten.

Doch während Englands Beziehung zu Nepal von Verträgen bestimmt war und seit Beginn des 19. Jahrhunderts die Präsenz eines britischen Vertreters in Kathmandu sicherstellte, dass sich das Land mit den Zielen der britischen Außenpolitik in Einklang befand, führte die Haltung Tibets bei der britischen

21

Regierung Indiens zu beträchtlichen Sorgen. Formell unterstand es dem Chinesischen Reich, doch Tibet handelte im späten 19. Jahrhundert mit zunehmender Autonomie, als der Zugriff des Qing-Staates auf seine westliche Provinz schwächer wurde. Die verschiedenen britischen Vorschläge ab den 1890er-Jahren zur Besteigung des Everest, der außerhalb des britischen Empire lag, spiegelten die zunehmend aggressiven Versuche Großbritanniens, Tibet formeller in die britischen Handels-, Sicherheits- und politischen Netzwerke zu integrieren.

Die Möglichkeit, den Mount Everest zu besteigen, besprach Younghusband als Erstes 1893 mit Charles Granville Bruce, als beide an einer militärischen Mission zur Befreiung der belagerten Garnison in Chitral teilnahmen. Die beiden Männer spielten eine entscheidende Rolle dabei, dass sich Tibet den britischen Interessen öffnete und der Everest für britische Bergsteiger zugänglich wurde. Mit der Ernennung von Lord Curzon zum Vizekönig von Indien 1899 verfolgte die Regierung Indiens eine angriffslustigere Politik gegenüber Tibet. Dessen Weigerung, diplomatische Beziehungen mit Britisch-Indien einzugehen, veranlasste Curzon dazu, zwischen 1903 und 1904 eine militärische Strafmission unter der Führung von Younghusband nach Lhasa zu schicken.
Die Invasion Tibets führte zu umfangreichem Blutvergießen und zur massenhaften Plünderung tibetischer Kulturgüter durch britische Truppen. Tibets geistiges Oberhaupt, der 13. Dalai Lama, floh in die Mongolei. 1904 zwangen die Briten Tibet den Vertrag von Lhasa auf, gründeten in Yatung, Gyangzê und Garyarsa Handelsagenturen und besetzten das strategisch wichtige Chumbi-Tal, nachdem sie Tibet Reparationszahlungen auferlegt hatten. Die Handelsagenturen unter der Zuständigkeit des britischen Verbindungsbeamten in Sikkim agierten zunehmend als Informationssammelzentren. 1910 schickten

21. Während des britischen Tibetfeldzuges 1903/4 werden im tibetischen Chumbi britische Kanonen aufgeladen. Fotografiert von G. I. Davys.

die Chinesen Streitkräfte nach Tibet, um ihrem Anspruch auf die politische Herrschaft Nachdruck zu verschaffen, und der 13. Dalai Lama floh nach Darjeeling in Britisch-Indien, wo er zunehmend unter den Einfluss von Sir Charles Bell geriet, dem britischen Verbindungsbeamten in Sikkim.

Nach dem Untergang des Qing-Reiches 1911 und der Vertreibung der Chinesen aus Lhasa kehrte der Dalai Lama nach Tibet zurück. Im Januar 1913 erreichte er Lhasa und verkündete, »was die Tibeter als Unabhängigkeitserklärung (von China) betrachten«. Die Shimla-Konvention von 1914 war der Versuch, einen Drei-Parteien-Vertrag zwischen Großbritannien, Tibet und China auszuhandeln, der internationale Grenzen festlegen und Einflusssphären definieren würde. Großbritannien befürwortete das Konzept eines »äußeren Tibets« und eines »inneren Tibets«. Ersteres sollte unter der Oberherrschaft Chinas eine tibetische Regierung in Lhasa erhalten, aber in seiner Innen- und Außenpolitik weitgehend autonom sein – eine Position, die China nicht akzeptierten konnte. Die junge Republik China befand sich allerdings nicht in der Position, ein Übereinkommen durchzusetzen und zog sich von den Verhandlungen zurück. Briten und Tibeter schlossen daraufhin ein bilaterales Abkommen. Doch die in Shimla festgelegten Grenzen wurden zu einem anhaltenden Streitpunkt für die folgenden chinesischen Regierungen.

Der britische Versuch, den Mount Everest zu erklimmen, kann als Teil dieser aggressiven Politik in Tibet verstanden werden. Die Royal Geographical Society und der Alpine Club fingen 1919 an, sich beim India Office und der Regierung von Indien um eine Reisegenehmigung nach Tibet zu bemühen. 1920 konnte sich Sir Charles Bell die Genehmigung des Dalai Lama für eine Expedition sichern. In der Zeit nach dem Ersten Weltkrieg bekam der Everest für die britische Imperialmacht eine starke symbolische Bedeutung. Der Everest galt als der »dritte Pol« und die letzte große Herausforderung des Zeitalters der Entdeckungen. Seine Besteigung bot den Briten die Möglichkeit, ihre Fähigkeit als Herrscher über Britisch-Indien zu demonstrieren, indem sie eine Art imperialer Maskulinität zur Schau stellten, die durch die Ereignisse des Ersten Weltkrieges erschüttert worden war.

Sie wurde in einer Zeit extremer geopolitischer Unsicherheit in Angriff genommen, die durch zahlreiche Bedrohungen der Grenzen Britisch-Indiens charakterisiert war. Der Anglo-Afghanische Krieg von 1919 war als ausgewachsene Stammesrevolte in die North-West-Frontier-Provinz übergeschwappt, die bis 1923 dauerte. Der wachsende sowjetische Einfluss in Xinjiang und die Instabilität der Republik China bedrohten die Grenzen Indiens, so wie die zunehmende Agitation indischer Nationalisten für eine Selbstständigkeit die Legitimität der britischen Herrschaft infrage stellte.

Als sich die British-Mount-Everest-Reconnaissance-Expedition im Mai 2021 das Chumbi-Tal zum Everest hinaufarbeitete, war der britische Einfluss auf

Tibet auf seinem Höhepunkt. Sir Charles Bell war nach Lhasa eingeladen worden und dort von November 1920 bis Oktober 1921 britischer Regierungsvertreter. Bell war der erste Europäer, der aufgrund einer Einladung des Dalai Lama nach Lhasa kam. Lord Curzon war 1919 Außenminister geworden und 1921 »erklärte (das Außenministerium), dass Großbritannien Tibet als de facto, wenn auch nicht rechtlich, unabhängigen Staat behandeln würde«. Anfang 1923 bildeten britische Offiziere als Teil einer umfasenderen Strategie die tibetische Armee aus, um ein autonomes Tibet mit einer eigenen Außenpolitik zu unterstützen und ihm die Macht zu geben, sich gegen das Aufzwingen der chinesischen Herrschaft zu wehren. Doch dieser Höhepunkt des britischen Einflusses in Tibet war nur von kurzer Dauer. Nach der Mount-Everest-Expedition von 1924 führte eine Reihe von Problemen zu einer Verschlechterung der diplomatischen Beziehungen zwischen Tibet und Großbritannien. Einige betrafen die Expedition selbst. Zudem glaubte die tibetische Regierung 1924, Beweise dafür zu haben, dass F. M. Bailey, der britische Regierungsvertreter in Sikkim, an einer Verschwörung beteiligt gewesen war, um den Dalai Lama als Staatsoberhaupt durch den Chef des tibetischen Militärs, Tsarong Dzasa, zu ersetzen.

Bis 1933 wurde von Tibet keine britische Expedition zum Everest mehr zugelassen und bis 1936 keine feste diplomatische Vertretung der Briten in Lhasa erlaubt (wie in »Das Vermächtnis« dargelegt, S. 172). 1947 verließ Großbritannien Indien und jedem Gedanken an Tibets Autonomie wurde 1950 bis 1951 durch die erzwungene Wiedereingliederung Tibets in ein wieder erstarkendes China unter der Kommunistischen Partei Chinas ein Ende bereitet.

22. Der Chomolhari und ein Lager in Tibet bei Pagri. Sir Charles Bell besuchte 1920 Lhasa, um für die Briten die Erlaubnis zu erhalten, den Everest zu kartieren und zu besteigen. Dieses Bild zeigt Howard-Burys Lager im tibetischen Hochland mit dem Chomolhari im Hintergrund. Fotografiert von C. K. Howard-Bury.

23

24

23. Vorherige Seite: **Die Bergkette des Mount Everest vom Sandakphu aus**. Eine frühe Fotografie des Mount Everest und der Himalaja-Gebirgskette von ca. 1890, die vom Sandakphu in Sikkim aus aufgenommen wurde. Fotograf unbekannt.

24. Der Everest vom Fuß des Kharta-Gletschers aus. Der Mount Everest hieß bei den Tibetern Chomolungma (Muttergöttin der Welt). Von A. F. R. Wollaston während der Mount-Everest-Reconnaissance-Expedition 1921 fotografiert.

25. Kampa Dzong. Die Everest-Expeditionen des frühen 20. Jahrhunderts passierten auf ihrem Weg zum Everest diese Hügelfestung. Hier trafen sich die Expeditionsleiter mit lokalen Beamten und sie wechselten die Lasttiere. Von B. Beetham während der Mount-Everest-Expedition 1924 fotografiert.

25

26

27

26. Das tibetisch-buddhistische *Bhava-cakra* (Lebensrad) findet man oft auf den Außenwänden buddhistischer Tempel und Klöster. Das komplexe Rad ist eine symbolische Darstellung des buddhistischen Glaubens an die zyklische Existenz und den ständigen Kreislauf von Geburt, Leben und Tod. Von J. B. Noel für die Mount-Everest-Expedition 1924 fotografiert und später handkoloriert.

27. Ein tibetischer Mani-Chörten, ein Stupa-ähnlicher Schrein. Mani-Steine sind Steine oder Felsplatten mit eingeritzten oder gravierten buddhistischen Gebeten oder Schriften und tragen oft das sechssilbige Mantra »Om mani padme hum«. Die tibetischen Träger sangen die Om-mani-Formel auf dem Weg zum Everest. Fotografiert von B. Beetham.

28

28. Im Hof des Shekar-Klosters. Fotografiert und später handkoloriert von J. B. Noel, Mount-Everest-Expedition 1924.

29. Der Abt von Shekar Chote. Fotografiert von C. K. Howard-Bury, Mount-Everest-Reconnaissance-Expedition 1921. Howard-Bury schrieb später über die Aufnahme des Ober-Lama: »Nach langer Überzeugungsarbeit konnten ihn die anderen Mönche überreden, nach draußen zu kommen und sich fotografieren zu lassen. Sie erzählten ihm, er sei ein alter Mann, seine Zeit auf der Erde kurz und sie hätten gerne ein Foto, um sich an ihn zu erinnern.«

30

30. Rongpu-Kloster und Mount Everest.
Fotografiert und später handkoloriert von
J. B. Noel, Mount-Everest-Expedition 1924.

31

31. Im Rongpu-Kloster. Alle Expeditions-
teilnehmer wurden vom Ober-Lama Zatul
Rinpoche gesegnet, bevor sie weiter den
Berg hinaufstiegen. Von C. J. Morris für die
Mount-Everest-Expedition 1922 fotografiert.

JOHN CLAUDE WHITE

Aus den Sammlungen

Die Fotosammlung der Royal Geographical Society besitzt 61 Fotografien von John Claude White (1853–1918). Sie erzählen die Geschichte von Whites Arbeit in Sikkim, Bhutan und Tibet um die Jahrhundertwende.

White war ein Ingenieur und Fotograf, der 1883 zur britischen Vertretung in Kathmandu abgeordnet worden war und später als Verbindungsbeamter in Sikkim diente, das britisches Protektorat wurde. Infolgedessen war er auch in die politischen Beziehungen der Briten zu Tibet und Bhutan involviert. Daher lag die Wahl Whites zu einem der Stellvertreter von Sir Francis Younghusband im britischen Tibetfeldzug 1903 bis 1904 nah.

Whites Fotografien zeigen die Menschen und Orte Sikkims, Bhutans und Tibets zu einem kritischen Zeitpunkt in der Geschichte der Region. White war ein Amateurfotograf, der mit Glasplatten und einer Großformatkamera arbeitete. Sein fotografisches Werk ist für sich genommen ein eindrucksvolles politisches Zeugnis der Zeit und der Menschen, denen er begegnete.

32. Gruppe von Nonnen im Frauenkloster Taktsang. Tibet 1904.

33. Kampa Dzong. Ein Aufklärungstrupp erreichte während Sir Francis Younghusbands britischem Tibetfeldzug 1903/4 die auf einer Felsspitze errichtete Festung.

34. Claude White (stehend), Sir Ugyen Wang Chuk (sitzend links), Major Rennick (sitzend Mitte) und Paul (sitzend rechts), Bhutan 1905.

35. Paro Jong vom rechten Ufer des Paro Chhu aus. 1905.

36. Die Familie der Schwester des Penlop von Trongsa. Bhutan 1905.

37. Der Abt von Kampa Dzong. Tibet 1904.

32

33

34

35

36

37

3

FRÜHERE EXPEDITIONEN

Nach Radhanath Sikdars Berechnung der Höhe von Peak XV (»Die Kartierung des Berges«, S. 22) und Andrew Waughs anschließender Mitteilung an die Royal Geographical Society (RGS), dass der Everest der höchste Gipfel der Erde sei, dauerte es weitere 50 Jahre, bis eine westliche Expedition mit dem Ziel zum Everest geschickt wurde, den Berg zu besteigen. Der Berg war einfach zu unzugänglich und die europäischen Bergsteiger waren noch weitgehend auf die Alpen fixiert und machten nur gelegentlich Abstecher in andere Regionen.

Anfang des 20. Jahrhunderts waren der Nord- und der Südpol erreicht worden, nun richteten sich alle Augen auf den sogenannten »dritten Pol«: den Everest. Da die Briten die beiden Wettrennen zu den Polen verloren hatten, wollten sie nun zumindest das dritte gewinnen. In den Diskussionen in der RGS 1919 verkündete Sir Francis Younghusband seine Entschlossenheit, dass die erste auf dem Berg »eine britische Expedition sein solle«, und er hoffte, es würde ein »Engländer oder zumindest ein Schotte [sic] sein, der zuerst den Mount Everest besteigt«. Nur die Zeit und Glück würden zeigen, ob dieser Traum Realität würde.

Beim Zugang zum Berg waren die Europäer immer noch auf den guten Willen der Tibeter angewiesen. 1921 hatten die Briten das Glück, Unterstützung für eine Erkundungsexpedition zu erhalten, mit einer von den tibetischen Behörden erlassenen Anordnung (Bild 40, S. 62), die die Tibeter aufforderte, für die Expedition alle notwendige Unterstützung bereitzustellen, damit sie den Berg erreiche. Und sie erreichte ihn. 1921 gelang es der Mount-Everest-Reconnaissance-Expedition – unterstützt von Trägern, Führern und Bergsteigern –, zum Mount Everest zu marschieren sowie den Berg und seine Zugänge ausführlichst zu fotografieren, wie die erstaunlichen Aufnahmen von George Mallory und Charles Kenneth Howard-Bury zeigen (Bild 38, rechts, und Bild 39, S. 60–61). Das Wissen und die Unterstützung, die die Bewohner des Himalajas beitrugen, sind in den visuellen Dokumenten dieser Expeditionen deutlich belegt, wie etwa die angeseilten Träger auf Howard Somervells wunderbarem Foto (Bild 50, S. 73). Diese Fotos dokumentieren den unschätzbaren Beitrag der Einheimischen.

»Es liegt auf der Hand, dass Männer mit Lust auf das Bergsteigen den Mount Everest nicht unberührt lassen können. Die Zeit, die Gelegenheit, das Geld, die Fähigkeit, die notwendigen Vorbereitungen zu treffen, mögen fehlen, aber der Wunsch und der Wille, auf dem Gipfel des höchsten Berges der Welt zu stehen, muss im Herzen vieler Bergsteiger gewesen sein, nachdem die Alpen so gründlich niedergetrampelt wurden.«

Sir Francis Younghusband, Präsident der Royal Geographical Society (1919 bis 1922) und erster Vorsitzender des Mount-Everest-Komitees, in der Einleitung zu *Mount Everest. The Reconnaissance, 1921*, New York und London 1922.

38. Lager auf 6100 Metern – der letzte Tag. Fotografiert von George Mallory während der Mount-Everest-Reconnaissance-Expedition 1921.

EIN UNERREICH-BARER BERG

Essay von Eugene Rae

Den Anfang der ernsthaften Versuche der Briten, den Mount Everest zu besteigen, kann man auf 1905 datieren, als Lord Curzon, der Vizekönig von Indien, sich an Douglas Freshfield wandte. Dieser war zu verschiedenen Zeiten sowohl Präsident des Alpine Club als auch der Royal Geographical Society (RGS). Curzon machte ihm das Angebot, dass sich die britische Regierung Indiens mit 3000 £ an den Kosten für eine Expedition zum Everest oder Kangchendzönga beteiligen würde. Freshfield trat mit dem Alpine Club in Kontakt, begann eine Expedition zu organisieren und holte auch die RGS mit an Bord. Alles sah gut aus, nur der Staatssekretär für Indien, John Morley, musste noch zustimmen. Leider legte Morley sein Veto gegen die Expedition ein, was den Plänen der angehenden Eroberer des mächtigen Berges vorerst ein Ende bereitete.

Da Tibet und Nepal für Europäer in den frühen Jahren des 20. Jahrhunderts verschlossen waren, mussten sich die britischen Bergsteiger, die ein Auge auf den Himalaja geworfen hatten, mit den Gipfeln innerhalb Indiens begnügen. 1907 leitete Tom Longstaff eine Expedition, der als erste der Aufstieg auf den Trishul gelang. Dieser Gipfel hat eine Höhe von 7120 Metern und mit seiner Besteigung waren Longstaff und sein Team die Ersten, die einen Berg mit über 7000 Metern erklommen. Vier Jahre später, 1911, stand Alexander Kellas auf dem Gipfel des Pauhunri mit 7128 Metern. Er blieb bis 1930 der höchste bestiegene Berg.

39

Auch als die Bergsteiger die Berge Nordindiens in Angriff nahmen, gingen die Bemühungen weiter, das India Office zu überzeugen, eine Anfrage an die tibetischen Behörden für eine Expedition zum Everest zu bewilligen. Und Abenteurer wie John Noel unternahmen unerlaubte Vorstöße nach Tibet hinein. Der Erste Weltkrieg brachte die Pläne vorübergehend zum Erliegen, aber nach dem Ende der Feindseligkeiten begannen erneut die Versuche, eine Expedition zu organisieren. 1920 probierte es Sir Francis Younghusband mit einem anderen Vorgehen. Er bat Charles Howard-Bury, einen aristokratischen Soldaten mit tadellosen Beziehungen, Sir Charles Bell, den britischen Verbindungsbeamten für Bhutan, Sikkim und Tibet, zu überreden, seinen Einfluss bei den tibetischen Behörden zu nutzen, um eine Genehmigung für eine Passage durch Tibet zum Mount Everest auszuhandeln. Er hatte Erfolg und die Briten erhielten für das Folgejahr, 1921, eine Erlaubnis. Das India Office ließ daraufhin seine Einwände gegen die Expedition fallen und billigte das Projekt offiziell.

Zur Koordinierung und Finanzierung einer Aufklärungsexpedition wurde schnell ein gemeinsames Komitee, das Mount Everest Committee (MEC), gebildet, das sich aus hochrangigen Mitgliedern des Alpine Club und der RGS zusammensetzte. Als Anerkennung für seine Hilfe beim Erwirken der Genehmigung für die Expedition wurde Charles Howard-Bury die Leitung

39. Der Blick vom Windy-Col-Lager auf 6858 Metern (22500 ft) mit Blick nach Westen auf den Nordsattel und Nordgipfel des Everest. Dieses bemerkenswerte Panoramafoto nahm C. K. Howard-Bury während der Mount-Everest-Reconnaissance-Expedition von 1921 auf.

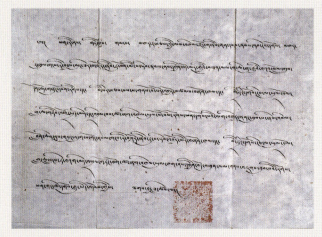

40

40. Die Anweisung des Premierministers von Tibet an die Dzongpens und Dorfoberhäupter von Phari, Tinki, Kampa und Kharta im Eisenvogeljahr (1921), die sie auffordert, die Briten dabei zu unterstützen, zum Everest zu gelangen.

41. George Finchs ärztliches Attest vom 17. März 1921, das dazu führte, dass das Angebot für einen Platz in der Expedition zurückgezogen wurde. Es wird vermutet, dass es gefälscht wurde, um zu verhindern, dass der Australier Finch an der britischen Expedition teilnahm.

übertragen. Als sich diese Neuigkeit verbreitete, wollten sich Männer aus aller Welt an der Expedition beteiligen. Aber das MEC legte strenge Kriterien an, welche die Haltung dieser Zeit widerspiegelten: Weiße Briten und Männer aus dem Commonwealth mit einer Mitgliedschaft im Alpine Club dominierten die britische Bergsteigerszene bis nach dem Zweiten Weltkrieg. Frauen wurden gar nicht berücksichtigt.

Die für die Expedition ausgewählten Bergsteiger waren Harold Raeburn, ein 56-jähriger Veteran der Cairngorms-Berge und Alpen, Alexander Kellas, der mit 52 Jahren bereits höher geklettert war als jeder andere Europäer, George Mallory, der als bester Bergsteiger seiner Generation galt, und Henry Bullock, ein Freund Mallorys, der George Finch ersetzte, der ursprünglich ausgewählt worden war, später aber aus medizinischen Gründen abgelehnt wurde. Das Vermessungsteam des Survey of India setzte sich aus Henry Morshead, Edward O. Wheeler, Lalbir Singh Thapa und Gujjar Singh zusammen. Dazu gehörten auch der Expeditionsarzt und Ornithologe Sandy Wollaston sowie der Geologe Alexander Heron.
Die Expeditionsteilnehmer trafen sich in Darjeeling, wo sie sich die Dienste des jungen tibetischen Lehrers Karma Paul sicherten. Paul sprach viele Sprachen fließend – darunter Tibetisch, Nepali und Englisch – und diente dieser und späteren britischen Expeditionen als Übersetzer. Er half auch bei der Rekrutierung der Expeditionsträger, darunter Sherpas für die höheren Lagen. Mitte Mai brachen sie zum 500 Kilometer langen Marsch zum Everest auf, während dem sie auch Karten zeichneten. Gegen Ende Mai erkrankte Kellas und starb, als die Expedition zum tibetischen Dorf Kampa Dzong kam. Von dort aus sahen sie zum ersten Mal den Everest. Vier Wochen nach Kellas Tod erreichte die Expedition das Rongpu-Kloster und fing an, nach einem Weg auf den Berg zu suchen.

Anfang August gelangte Wheeler bis zum Kopf des Ost-Rongpu-Gletschers, von wo aus er zum ersten Mal den Nordsattel erblickte. Weitere Erkundungen legten nahe, dass er der Schlüssel zur Besteigung des Everest sein könnte. Am 21. September gelang Bullock und Mallory die Erstbesteigung des Sattels. Sie kamen bis auf 7010 Meter (23 000 ft), bevor sie aufgrund mangelnder Ausrüstung und Vorräte umkehren mussten. Doch nun war ein Weg zum Gipfel gefunden. Aufgrund des Erfolges der Erkundungsexpedition lancierte das MEC 1922 eine zweite Expedition. Sie war besser ausgerüstet und man hoffte, ihr würde es gelingen, den Gipfel zu erreichen. Ihr Leiter war Charles Granville Bruce, ein Offizier der Gurkha Rifles, der auf die Rolle der einheimischen Bergsteiger großen Wert legte; die weiteren Teilnehmer waren George Mallory, Tom Longstaff, der Chirurg und Hobbymaler Howard Somervell, der Berufssoldat und erfahrene Kletterer Edward

Norton, der Cousin von Charles Bruce Geoffrey Bruce und John Noel, der die Expedition fotografisch dokumentieren sollte.

Zur Expedition von 1922 gehörte auch George Finch. Nachdem er von der Expedition von 1921 ausgeschlossen worden war, beteiligte sich Finch an Experimenten in einer Dekompressionskammer in Oxford, die zeigten, dass die Bergsteiger den Gipfel des Everest ohne zusätzlichen Sauerstoff vermutlich nicht erreichen würden. Daraufhin half Finch dabei mit, das erste Sauerstoffsystem zu entwickeln, das für das Bergsteigen in großen Höhen geeignet war, und war entschlossen, dessen Wert zu beweisen. Aber nicht viele der anderen Bergsteiger teilten seine Begeisterung für diese Innovation. Der erste Aufstiegsversuch wurde am 21. Mai 1922 von Norton, Somervell und Mallory unternommen – ohne zusätzlichen Sauerstoff. Sie erreichten 8225 Meter (26985 ft) und waren die Ersten, die höher als 8000 Meter (26246 ft) kamen. Bei ihrer Rückkehr in das Basislager waren sie stark dehydriert. Somervell trank 17 Becher Tee (drei Liter), bevor er sich besser fühlte.

Nun war es für George Finch an der Zeit, die Sauerstoffgeräte zu testen, die den ganzen Weg aus Darjeeling mitgeschleppt worden waren. Mit zusätzlichem Sauerstoff und der Hilfe von Sherpa-Trägern errichteten Finch und Bruce zusammen mit dem jungen Gurkha-Soldaten Lans-Naik Tejbir Bura ein neues Lager V, das noch einmal 150 Meter höher lag, als Mallory, Norton und Somervell erreicht hatten. Ein Sturm zwang sie, die Nacht und den folgenden Tag im Schutz ihrer Zelte zu verbringen. Erst danach machten sich Finch, Bruce und Tejbir Bura erneut auf zum Gipfel. Tejbir Bura, dessen Gepäck schwerer war als das der beiden anderen, musste aufgrund von Erschöpfung umkehren. Doch Bruce und Finch gingen weiter und erreichten 8321 Meter (27300 ft), bevor ein Defekt im Sauerstoffgerät von Bruce sie zur Umkehr zwang.

Sowohl der erste als auch der zweite Versuch waren relativ erfolgreich gewesen, wenngleich der zweite wohl noch erfolgreicher war, da er die Wirksamkeit von zusätzlichem Sauerstoff bestätigte. Ein dritter Versuch von Mallory, Somervell und Colin Crawford endete in der Katastrophe, als die sieben Träger Lhakpa, Narbu, Pasang, Pemba, Sange, Temba und Antarge in einer Lawine starben. Ihr Tod warf einen dunklen Schatten auf die Expedition von 1922 und beendete sie abrupt.

41

Frühere Expeditionen

42

43

42. Die Teilnehmer der Mount-Everest-
Reconnaissance-Expedition 1921 in ihrem
Lager auf 5273 Metern (17300 ft). Hinten
von links nach rechts: Guy Bullock, Henry
Morshead, Edward O. Wheeler und George
Mallory. Vorne von links nach rechts:
Alexander Heron, »Sandy« Wollaston,
Charles Howard-Bury und Harold Raeburn.
Dieses Foto wurde A. F. R. Wollaston
zugeschrieben, aber vermutlich von einem
Träger aufgenommen.

43. Tempel am Lapche Kang. Fotografiert
von A. F. R. Wollaston während der Mount-
Everest-Reconnaissance-Expedition 1921.

44

44. Aufladen in Dochen, unterhalb des Chomolhari. Die Siedlung Dochen auf 4481 Metern im Norden des Chomolhari (am Horizont) war eines der vielen tibetischen Dörfer, durch das die Expedition auf dem Weg zum Mount Everest zog. Fotografiert von C. K. Howard-Bury, Mount-Everest-Reconnaissance-Expedition 1921.

45. Mönche und Verwalter in Shekar Chote. Fotografiert von C. K. Howard-Bury, Mount-Everest-Reconnaissance-Expedition 1921.

45

47

46. Seite 68–69: **Mount Everest mit Südgipfel, Nordgipfel und Nordsattel, von einem Gipfel oberhalb des Advanced-Lagers in 6248 Metern Höhe gesehen**. Fotografiert von G. L. Mallory während der Mount-Everest-Reconnaissance-Expedition 1921.

47. Teilnehmer der Mount-Everest-Expedition 1922, darunter George Mallory und Sherpas, rasten während der Besteigung des Nordsattels. Fotografiert von J. B. Noel.

48. 1922 erreichten George Mallory und Edward Norton ihre Rekordhöhe von 8225 Metern (26 985 ft) am Nordostgrat des Mount Everest. Fotografiert von T. H. Somervell.

48

49. Die zweite Seilschaft steigt von ihrem Rekordanstieg ab. Das Foto zeigt George Finch und Geoffrey Bruce am 27. Mai 1922 bei ihrer Rückkehr zum Lager IV auf etwa 7000 Metern (23 000 ft). Den größten Teil der Strecke hatte sie der Gurkha Lans-Naik Tejbir Bura begleitet. Fotografiert von A. Wakefield für die Mount-Everest-Expedition 1922.

50. Am Fuß des Nordsattels, Mount-Everest-Expedition 1922. Bei ihrem dritten Gipfelversuch am 7. Juni 1922 löste die Seilschaft eine Lawine aus, in der tragischerweise sieben Sherpas starben und die die Expedition beendete. Fotografiert von T. H. Somervell.

49

50

ALEXANDER KELLAS

Aus den Sammlungen

Der Chemiker und Bergsteiger Alexander Mitchell Kellas (1868–1921) gilt als »einer der großen Pioniere des Bergsteigens im Himalaja«. Auf seiner ersten Expedition in den Himalaja 1907 kletterte er im Pir-Panjal-Gebirge. Anschließend machte er zwischen 1909 und 1914 eine bemerkenswerte Reihe von Erstbesteigungen: Er bezwang den Pauhunri (7128 m), den Chomoyummo (6829 m), den Kangchengyao (6889 m) und mehrere kleinere Gipfel mit über 6000 Metern Höhe. Mit seiner Besteigung des Pauhunri, zusammen mit den beiden Sherpas Sona und Tuny, brach er den damaligen Höhenrekord. Doch das wurde zu dieser Zeit nicht erkannt, da man die wahre Höhe des Berges erst im späten 20. Jahrhundert ermittelte.

Kellas bevorzugte es, nur mit wenigen Sherpas zu klettern. Ihm wird zugutegehalten, als erster europäischer Bergsteiger die entscheidende Rolle und den unentbehrlichen Beitrag der Sherpas bei der Unterstützung der Himalaja-Expeditionen anerkannt zu haben. Er ist auch für seine Forschungen zur Höhen- und Bergkrankheit berühmt. Als Dozent für Chemie an der Middlesex Hospital Medical School (1900 bis 1919) führte er umfangreiche Forschungsarbeiten zu den Auswirkungen der Höhe auf den menschlichen Körper durch. Und im Mai 1916 hielt Kellas einen Vortrag vor der Royal Geographical Society mit dem Titel »Eine Betrachtung der Möglichkeit der Besteigung des höheren Himalajas«, der sich mit den physischen Problemen, den Mount Everest anzugehen, und den physiologischen Schwierigkeiten des Kletterns in großer Höhe befasste. Diese Forschung war zusammen mit seiner Bergsteigererfahrung im Himalaja und seinem Wissen über die Fähigkeiten der Sherpas einzigartig. Deshalb wurde Kellas eingeladen, an der Mount-Everest-Reconnaissance-Expedition 1921 teilzunehmen. Als sie sich Kampa Dzong näherte, starb er tragischerweise im Alter von 56 Jahren an Herzversagen.
Die RGS besitzt über 500 Fotografien von Kellas, die zu den frühesten Fotografien des Himalajas gehören.

51

»Ich, der ich Kellas gut kannte, glaube, dass, wenn er nicht gestorben wäre, der Everest nun bezwungen wäre, und dies durch nichts anderes als die Kombination aus Kellas Himalaja-Wissen und Mallorys Elan.«

– John Noel, *Through Tibet to Everest*, 1927

51. Angeseilte tibetische Sherpas im Schnee, Sikkim 1907. Es war das Werk Alexander Kellas, die britische Bergsteigerschaft zur Jahrhundertwende auf den Wert der Sherpas aufmerksam zu machen.

52. Sherpa-Träger auf einem Pass in Sikkim.

53. Bergsteiger auf einem Eisfeld.

54. Blick vom Gipfel des Pawhunri nach Süden. Vermutlich sind die beiden Sherpa-Träger rechts im Bild Tuny und Sona.

52

53

54

4

EINHEIMISCHE VERMITTLER

Die Arbeit der Bewohner des Himalajas war für den Erfolg der Mount-Everest-Expedition 1924 äußerst wichtig. Sie hatten ihren Wert bereits in den Expeditionen von 1921 und 1922 bewiesen. Die Briten waren auf ihre Arbeitskraft, ihr Können und ihr Wissen über die Umgebung angewiesen, nicht nur für den Transport der Vorräte, bei den Verhandlungen mit den lokalen Autoritäten und in der Unterstützung beim Bergsteigen in großer Höhe, sondern auch, um die Expeditionsteilnehmer sicher durch die unbekannte Umgebung zu führen.

Die Haltung der Briten gegenüber ihren Trägern und anderen einheimischen Mittelspersonen spiegelte die kulturellen Attitüden der Zeit wider. Doch einige von ihnen begriffen schnell deren unschätzbaren Wert. Alexander Kellas erkannte auf seinen vorherigen Himalaja-Touren die Fähigkeiten der Sherpas in großer Höhe und plädierte für sie als Träger in zukünftigen Everest-Expeditionen. Edward Norton schrieb in seinem Bericht über die Expedition von 1924 (*The Fight for Everest: 1924*), dass die Hochgebirgsträger »eine großartige Gruppe von Männern waren, buchstäblich auf deren Schultern wir den Mount Everest bestiegen«.

Alles in allem war die Anerkennung für die unschätzbare Arbeit der einheimischen Teilnehmer an der Expedition jedoch begrenzt. Die britischen Bergsteiger betrachteten sie oft als untergeordnete Mitglieder des Teams. Diese Haltung wurde in den 1920er- und 1930er-Jahren von einigen europäischen Bergsteigern und den Sherpas selbst zunehmend infrage gestellt. In den Expeditionen der 1950er-Jahre wurden Sherpas wie Tenzing Norgay mehr und mehr als gleichwertige Partner gesehen.

In diesem Kapitel steht die große Zahl von Tibetern und Sherpas im Mittelpunkt, deren Fachwissen für jede Expedition benötigt wurde. Einige von ihnen waren im Laufe der Jahre immer wieder an den Everest-Expeditionen beteiligt und galten als unentbehrlich, so etwa Karma Paul, der auf den Fotos der Expeditionen von 1922 und 1936 zu sehen ist (Bilder 56, 61, 65 und 66). Die Bilder in diesem Kapitel zeigen auch die vielen verschiedenen Rollen, die die einheimischen Mittelspersonen erfüllten, sei es als »Höhentiger«, Fototräger, Schuster oder Dolmetscher.

»Wenn man diesen Soldaten beibringen kann, gute Bergführer zu sein, dann ist das Problem des verschneiten Himalajas gelöst.«

– Douglas Freshfield, Präsident der Royal Geographical Society (1914 bis 1917), »Exploration in the Mustagh Mountains: Discussion«, in *The Geographical Journal*, Oktober 1893

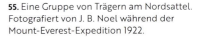

55. Eine Gruppe von Trägern am Nordsattel. Fotografiert von J. B. Noel während der Mount-Everest-Expedition 1922.

Tragödie am Everest

VON KULTUR ZU KULTUR: DOLMETSCHER UND ANDERE VERMITTLER

Essay von Professor Felix Driver

In John Noels Film *Climbing Mount Everest* gibt es eine zentrale Szene, in der der Dolmetscher Karma Paul gezeigt wird, wie er dem Ober-Lama des Rongpu-Klosters einen Bergsteiger und Träger nach dem anderen vorstellt, damit sie seinen Segen empfangen. Er wird gezeigt, wie er in westlicher Kleidung und fließend Tibetisch und Englisch sprechend in der Rolle des diplomatischen Vermittlers wirkt und dabei vom überdachten Podium der Lamas in den Hof geht, in dem die Bergsteiger und Träger sitzen. Die Szene wird als ein entscheidender Moment der Erlaubnis für den Versuch, den Everest zu besteigen, dargestellt. Sie wurde aber tatsächlich während des Abstieges vom Berg gedreht, nachdem am 7. Juni sieben Träger in einer Lawine getötet worden waren. Von Karma Pauls Reaktion auf diese Katastrophe wird nichts berichtet, obwohl seine Kenntnisse der Sprachen im Himalaja ihm sicherlich größere Einblicke in die Auswirkungen auf die überlebenden Träger erlaubt hätten als den britischen Bergsteigern.

Karma Paul war ein Tibeter aus bescheidenen Verhältnissen. Er wurde in Lhasa geboren, aber ab seinem achten Lebensjahr als Waise von Missionaren in Darjeeling aufgezogen, wo er auch als Lehrer, Taxifahrer und Büroangestellter zu arbeiten anfing. Seine spätere Beschäftigung bei allen britischen Expeditionen zum Mount Everest von 1922 bis 1938 lässt sich anhand der Manuskript- und Fotoarchive der Royal Geographical Society (RGS) nachverfolgen. Ursprünglich bestand seine Aufgabe darin, auf dem Weg zum Everest in den Verhandlungen der Expeditionen mit den örtlichen Autoritäten, wie Lamas und Dzongpens (Bezirksgouverneure), als Dolmetscher zu fungieren. Bei späteren Expeditionen diente er als Serdar (Aufseher) der Träger und hatte entscheidenden Einfluss auf deren Rekrutierung. Tenzing Norgay erinnerte sich später, dass er mindestens bis 1948 als solcher arbeitete.

Das Dolmetschen ist für alle diplomatischen Vorgänge zentral und verleiht dem Übersetzer einen besonderen Status. Nur wenige Bergsteiger der Everest-Expeditionen konnten Tibetisch und die Vorbehalte gegenüber einer britischen Präsenz in Tibet erforderten viel Fingerspitzengefühl im Umgang mit den örtlichen Behörden. Karma Pauls Sprachkenntnisse reichten weit über das Tibetische hinaus, er sprach auch Nepali, Urdu, Bengali, Sikkimesisch und Lepcha. Während sich die Bergsteiger später liebevoll an ihn erinnerten und eine Gruppe von ihnen ein Porträt in Auftrag gab, das sich jetzt in der Sammlung der RGS befindet, beschrieb Geoffrey Bruce ihn 1924 gönnerhaft als »einen ziemlich eitlen Jugendlichen, der sich leicht von seinen eigenen Fähigkeiten mitreißen ließ«. Seine interkulturelle Kompetenz brachte ihm sowohl Argwohn als auch Lob ein. Bruces Cousin Charles Granville Bruce drückte es so aus: »Wenn er Karma war, war er Buddhist und erhielt von jedem Lama, dem er nahe kam, den Segen. Wenn er Paul war, war er Christ.«

56. Karma Paul mit dem Dzongpen von Shekar. Karma Pauls Übersetzungs-fähigkeiten und sein Wissen über tibetische Bräuche war in den Verhandlungen mit lokalen Würdenträgern von entscheidender Bedeutung. Fotografiert von C. J. Morris für die die Mount-Everest-Expedition 1922, später handkoloriert von J. B. Noel.

56

Karma Paul war nicht der einzige Übersetzer, der in den 1920er-Jahren für Everest-Expeditionen angestellt wurde. Auch Gyalzen Kazi und Chhetan Wangdi gehörten dazu. Sie übersetzten für die Mount-Everest-Reconnais-sance-Expedition 1921. Kazi stammte aus einer hochgestellten sikkimischen Familie und wurde auch 1922 und 1924 beschäftigt. Wangdi hatte in der tibetischen Armee gedient und während des Ersten Weltkrieges in der indischen Armee in Ägypten. Sie wurden vom Expeditionsleiter Charles Howard-Bury hoch geschätzt: »Ihr Taktgefühl und ihre Kenntnisse der tibe-tischen Sitten und Gebräuche waren von größtem Nutzen für die Aufrecht-erhaltung der freundschaftlichen Beziehungen zwischen der Expedition und den Tibetern.«

Als zu Karma Pauls Aufgaben in den 1930er-Jahren noch die Beaufsichtigung der Expeditionsträger kam, wurde seine Fähigkeit, sich durch die koloniale Weltanschauung der Briten und die kulturellen Erwartungen der Träger aus

MOUNT EVEREST EXPEDITION 1924.   26
                                              Darjeeling,
                                              14th August 1924.
To
    The Officer Commanding
    2nd Battalion 6th Gurkha Rifles, Abbottabad.

    I have the honour to report that the undermentioned British Officer
and Gurkha Non-commissioned officer of the Battalion under your command
have been awarded the Olympic Gold Medal by the President and Committee of
the VIIIth Olympiad, Paris, for the best Mountain Exploration work since
the last Olympiad:-
                  Captain J.G. Bruce MC
                  L/Nk Tejbir Bura.

                                   Br.-General,
                                   Commanding Mt. Everest Expedition
                                                        1924.

57

57. Brief von Geoffrey Bruce vom August 1924 an den »kommandierenden Offizier, 2. Bataillon der 6. Gurkha Rifles«, in dem er mitteilt, dass Tejbir Bura mit der Olympiamedaille ausgezeichnet wurde.

58. John Macdonald (hintere Reihe rechts) mit anderen Teilnehmern der Mount-Everest-Expedition von 1924. Hintere Reihe (von links nach rechts): Andrew Irvine, George Mallory, Edward Norton, Noel Odell und John Macdonald. Vordere Reihe (von links nach rechts): Edward O. Shebbeare, Geoffrey Bruce, T. Howard Somervell und Bentley Beetham. Fotografiert von J. B. Noel.

dem Himalaja zu navigieren, noch wichtiger. Sein Status wuchs entsprechend. 1936 wurde er vor dem Planters' Club in Darjeeling abgebildet, als er die Expeditionsleiter dieses Jahres beriet. Er ist auch auf einer Albumseite mit Fotoporträts von Jim Gavin (s. Bild 152, S. 182) zu finden, unter Dutzenden von Sherpas und Trägern, die für die Expedition rekrutiert wurden und alle eine Erkennungsmarke tragen. Wie auch die britischen Bergsteiger benötigte Karma Paul keine Erkennungsmarke. Er trägt nur stolz das Gewand eines Oberschichtstibeters, um sich abzuheben.

Dolmetscher sind zwar eine spezielle Art von Vermittlern, aber die Erfahrung der kulturübergreifenden Kommunikation teilten sie mit vielen anderen, die an den frühen Everest-Expeditionen beteiligt waren. Im gesamten Personal waren Einheimische anzutreffen, vom Träger bis zum Höhenbergsteiger, aber keiner wurde so berühmt wie Tenzing Norgay nach seiner erfolgreichen Besteigung 1953. Zu den asiatischen Offizieren der Erkundungsexpedition von 1921 gehörten Gujjar Singh, Lalbir Singh Thapa und der Fotograf Abdul Jalil Khan, der mit britischen Offizieren zusammen an einer umfangreichen Vermessung arbeitete. Für die Expeditionen von 1922 und 1924 waren Tibeter, Lepcha und andere Bewohner des Himalajas als Pflanzensammler, Köche, Schneider und Schuster angeheuert worden, wobei Letztere eine besonders wichtige Rolle für den Schutz der Bergsteiger vor Erfrierungen spielten. Der Großteil ihrer Arbeit blieb unerwähnt, mit wenigen Ausnahmen: Einigen Offizieren aus den Gurkha-Regimentern – wie dem Nepalesen Tejbir Bura – wurden Medaillen der olympischen Winterspiele 1924 verliehen. Doch dies scheint ein nachträglicher Einfall gewesen zu sein, nachdem die britischen Bergsteiger schon früher im Jahr ausgezeichnet worden waren.

Zu den Vermittlern, die die Everest-Expeditionen unterstützten, gehörten auch Einheimische gemischter Herkunft wie David Macdonald, der Sohn einer sikkimischen Lepcha und eines schottischen Pflanzers. Macdonald hatte die Bhotia-Schule in Darjeeling besucht, die mit der Arbeit von Pundits wie Sarat Chandra Das assoziiert wird, die Tibet für die Briten kartografierten. 1904 diente er im britischen Feldzug nach Lhasa als Dolmetscher und wurde später britischer Handelsagent im tibetischen Yatung. Er sprach viele Sprachen der Region fließend und publizierte tibetische Wörterbücher, Glossare und Reiseführer für Europäer. Später eröffnete er in Kalimpong das Himalayan Hotel, das vielen Reisenden in Darjeeling vertraut ist. Macdonald spielte durch seine engen Kontakte zu den lokalen Behörden in Tibet eine Schlüsselrolle in der Unterstützung der Everest-Expeditionen. Sein Sohn John schloss sich 1924 der Expedition in Tibet an und übernahm die Verantwortung für die Kommunikation. John Macdonald ist auf einigen der ikonischen Gruppenporträts der Bergsteiger der Expedition von 1924 abgebildet.

Obwohl einige der Teilnehmer an den frühen britischen Expeditionen nach Tibet, insbesondere Howard Somervell, durchaus versuchten, die Völker und Kulturen zu verstehen, denen sie begegneten, waren ihre Bemühungen bestenfalls rudimentär. Selbst für die einfachste Kommunikation, die Versorgung und Transport betraf, waren sie weitgehend auf Übersetzer angewiesen, die die lokalen Sprachen beherrschten, und noch weitaus intensiver für die notwendigen Verhandlungen innerhalb Tibets. Diese Abhängigkeit führte immer zu Misstrauen und war gelegentlich von deutlicher Kritik an Tibetern wie Karma Paul oder Europäern gemischter Herkunft wie John Macdonald begleitet. Das Pendeln zwischen den Kulturen kann genauso herausfordernd sein wie das Besteigen von Bergen.

58

59

59. Gyalzen Kazi aus Gangtok in Sikkim und Chhetan Wangdi, ein Tibeter, der mit der indischen Armee in Ägypten gekämpft hatte, wurden von der Mount-Everest-Reconnaissance-Expedition 1921 als Dolmetscher angeheuert. Fotografiert von A. F. R. Wollaston.

60. Moti, einer der Schuster der Mount-Everest-Expedition 1922. Fotografiert von J. B. Noel.

61

61. Karma Paul (hinter dem Tisch) sitzt neben Charles Granville Bruce und befragt in Kampa Dzong Dzongpens (Bezirksgouverneure). Fotografiert von J. B. Noel während der Mount-Everest-Expedition 1922.

62. Der Fotograf John Noel und seine Träger, 1922. Das Foto zeigt Noel und sein Team aus acht Männern, die zusammen mit einem Maultier und einem Maultiertreiber seine Fotoausrüstung trugen. Vor ihnen die Ausrüstung, zu der eine Newman-Sinclair-Kamera, ein Stativ und ein Teleobjektiv gehörten. Dieses Bild wurde ursprünglich John Noel zugeschrieben, wurde aber vermutlich von einem Träger aufgenommen.

Einheimische Vermittler

87

63. Sechs »Höhentiger« der Mount-Everest-Expedition 1924, die bei den britischen Bergsteigern den höchsten Stellenwert genossen. Fotografiert von J. B. Noel.

64. Durch Daumenabdrücke quittierten Sherpa-Familien am 1. Mai 1924 den Erhalt der Bezahlung für ihre Arbeit in der Mount-Everest-Expedition 1924.

65

66

65. Karma Paul (links), der Dolmetscher der Expedition, gibt Erkennungsmarken aus, die von den Trägern um den Hals getragen wurden. Fotograf unbekannt, Mount-Everest-Expedition 1936.

66. Karma Paul (links) mit Jemadar Lachhman Singh Sahi von den Gurkha Rifles, der Percy Wynn-Harris bei den Berichten über die Mount-Everest-Expedition 1936 assistierte und zudem für die Leitung der Gletscherlager verantwortlich war. Fotografiert von F. S. Smythe.

DIE ANWERBUNG VON EINHEIMISCHEN AUS DEM HIMALAJA

Aus den Sammlungen

Vor der Ankunft der britischen Bergsteiger in Darjeeling im März 1924 wurde der lokale Agent V. E. Weatherall damit beauftragt, die Expedition bekannt zu machen und eine große Anzahl von Sherpas, Bhotias und anderen Einheimischen auszusuchen, die für die Expedition arbeiten wollten. Sobald die britischen Bergsteiger angekommen waren, begann die Rekrutierung für die verschiedenen Aufgaben wie Koch, Träger, Schuster, Dolmetscher und Höhenbergsteiger. Diejenigen, die schon zuvor bei Expeditionen dabei waren und in ihrer Leistung mit gut bewertet wurden, wurden automatisch ausgewählt.

Die Rekrutierung von 1924 stützte sich auf die Erfahrungen mit den Trägern in den beiden vorangegangenen Mount-Everest-Expeditionen und bezog grundlegende medizinische Beurteilungen und Beobachtungen wie beispielsweise die Brustgröße mit ein. Edward Norton, der die Leitung der Expedition von 1924 übernahm, nachdem Charles Granville Bruce sie aus gesundheitlichen Gründen abgegeben hatte, erwähnte zum Beispiel, dass er Männer mit »leichter und drahtiger« Statur und »ordentliche Männer mit einiger Intelligenz« als Höhenträger bevorzuge.

Als die Expedition durch Tibet zog, wurden weitere Anwerbungen durchgeführt. Zwischen Shekar und Rongpu wurden mit Erlaubnis des Dzongpens von Shekar über 150 Tibeter – darunter Männer, Frauen und Kinder – eingestellt, die die Vorräte vom Basislager zu den Lagern I und II transportierten. Bruce schrieb später, wie erstaunt er war, dass eine Frau neben der 18 Kilogramm schweren Last, die jeder Tibeter egal welchen Geschlechts oder Alters trug, noch ihr zweijähriges Kind tragen konnte.

<u>67</u>

»Wir hatten, wie immer, eine sehr amüsante Zeit bei der Auswahl unserer Arbeitskräfte. Es gab mehrere alte Weggefährten, und unter ihnen tauchte mein ehemaliger Gepäckträger und Gefolgsmann Llakpa Chédé [sic] auf, der 1922 sein Bestes getan hatte, um mitzukommen, aber damals stark an Malaria erkrankt war ... Wir nahmen eine größere Truppe von Trägern mit als 1922, aber insgesamt eine ebenso zufriedenstellende Gruppe.«

– Charles Granville Bruce, *The Fight for Everest: 1924*

67. Abnahme von Daumenabdrücken der Angehörigen. Die Familien der für die Expedition Angeheuerten empfingen im Namen ihrer Männer monatliche Zahlungen. Fotografiert von J. B. Noel.

68. Anwerbung von Arbeitskräften in Darjeeling für die Mount-Everest-Expedition 1924. Fotografiert von N. E. Odell.

69. Die einheimischen Arbeitskräfte der Mount-Everest-Expedition 1924, darunter Karma Paul (stehend, sechster von rechts). Fotografiert von N. E. Odell.

70. Aufladen am Basislager. Von den Tibetern wurde erwartet, schwerere Lasten zu tragen als die britischen Bergsteiger. Fotografiert von A. C. Irvine während der Mount-Everest-Expedition 1924.

68

69

70

1924

Das tragische Ende der Expedition von 1922 dämpfte den britischen Enthusiasmus, den Mount Everest zu besteigen, nur wenig. 1924 wurde eine weitere Expedition organisiert. Die Leitung hatte wieder Charles Granville Bruce inne, aber wegen eines Malariaanfalles zu Beginn der Expedition musste er zurücktreten und Edward Norton übernahm. Auch Geoffrey Bruce, Noel Odell, Howard Somervell, Edward Shebbeare, Richard Hingston, Bentley Beetham, John de Vars Hazard, George Mallory, Andrew Irvine und John Noel waren wieder dabei. Letzterer spendete der Expedition eine erhebliche Summe und erhielt im Gegenzug die alleinigen Rechte an ihrem Film- und Fotomaterial.

Bemerkenswert war das Fehlen von George Finch, der 1922 die Wirksamkeit von Sauerstoff sowohl beim Klettern als auch für die Erholung bewiesen hatte. Er kam 1924 nicht einmal in die engere Wahl. Finch war nicht nur ein Innovator, sondern auch ein erstklassiger Bergsteiger und seine Nichtberücksichtigung bedauernswert. Gleichwohl wurde ein starkes und erfahrenes Team ausgewählt, in dem nur Andrew Irvine substanzielle Bergerfahrung fehlte: Man hoffte, seine Jugend und Stärke würden dies entsprechend ausgleichen. Das Mount-Everest-Committee war zuversichtlich, dass die Planung und Vorbereitung der Mount-Everest-Expedition 1924 zum Erfolg führen würden.

Die von John Noel handkolorierte Fotoplatte rechts (Bild 71) zeigt die entspannten und zuversichtlichen Teilnehmer von 1924. Doch es gab früh Rückschläge: Sowohl der Leiter Charles Bruce erkrankte als auch Bentley Beetham, was dessen Aufstieg verhinderte. Beethams persönliche Enttäuschung wurde jedoch durch seine außergewöhnlichen fotografischen Fähigkeiten wettgemacht, mit denen er sich daran machte, die Reise zum Everest zu dokumentieren. Seine Landschaftsaufnahmen – wie die Bilder 75 (S. 103) und 78 (S. 106) – vermitteln einen realistischen Eindruck von der Größe und Dramatik des Berges. Beethams Bilder ergänzen die Hochgebirgsfotos von John Noel um eine zusätzliche Sicht, so wie die spektakuläre Aufnahme des Basislagers, das vor dem Rongpu-Gletscher und der Nordwand des Everest fast verschwindet.

» ... *kurzum, es wurden keine Mühen gescheut, um diese dritte Expedition unter voller Berücksichtigung der Erfahrungen der vergangenen Jahre auszurüsten, und das Komitee ist zuversichtlich, dass wir dieses Jahr, wenn nur das Wetter mitspielt, das Äußerste des Menschenmöglichen lernen werden, das, wie man vorhersagen kann, den Gipfel nicht verfehlen wird.*«

– »The Mount Everest Expedition of 1924«, *The Geographical Journal*, 1924

71. Die Teilnehmer an der britischen Mount-Everest-Expedition 1924. Hintere Reihe (von links nach rechts): Andrew Irvine, George Mallory, Edward Norton, Noel Odell und John Macdonald. Vordere Reihe (von links nach rechts): Edward O. Shebbeare, Geoffrey Bruce, T. Howard Somervell und Bentley Beetham. Handkolorierte Fotografie von J. B. Noel.

RÜCKKEHR NACH TIBET

Essay von Eugene Rae

Obwohl er als einer der Ersten für die Expedition von 1924 ausgewählt worden war, äußerte George Mallory einige Bedenken hinsichtlich der Rückkehr zum Berg. Er arbeitete zu dieser Zeit als Dozent in der Abteilung für Gasthörer der Cambridge University und musste sich beurlauben lassen, um an der Expedition teilnehmen zu können. Es beschäftigte ihn auch, seine Frau Ruth und seine drei kleinen Kinder wieder zurückzulassen. Von den letzten drei Jahren verbrachte er über zwölf Monate auf den Expeditionen. Mallory war auch unglücklich darüber, dass George Finch keine Teilnahme mehr angeboten wurde. Doch die Anziehungskraft des Berges war stark, und nachdem sich verschiedene Personen eingeschaltet hatten – wie Arthur Hinks, der an die Universität schrieb und erklärte, warum die Teilnahme von Mallory notwendig war –, waren Mallorys Zweifel zerstreut. Im November 1923 schrieb er Hinks:

> *Nur eine Zeile, um Ihnen mitzuteilen, dass ich nun fest entschlossen bin, wieder rauszugehen. Ein ziemlicher Anlauf, aber ich bin sehr froh, dass es jetzt entschieden ist. Die Ärzte halten mich für 1A ... Vielen Dank für Ihre guten Dienste in dieser Angelegenheit.*

Andrew Irvine, ein Rudermeister, der Oxford 1924 zum Sieg beim Boat Race verhalf, und ein begabter Ingenieur, war mit 22 Jahren das jüngste Mitglied der Expedition. Er war kurz zuvor von einer Expedition nach Spitzbergen zurückgekehrt, wo er seinen Begleiter Tom Longstaff beeindruckt hatte, der zufällig im Auswahlgremium für die Mount-Everest-Expedition 1924 saß. Irvine hatte im Sommer 1919 auch Noel Odell beeindruckt, als dieser ihn mit seiner Frau auf dem Gipfel eines walisischen Berges getroffen hatte. Irvine hatte sich nicht damit begnügt, den Weg hinaufzuwandern, sondern war mit seinem Motorrad bis zum Gipfel gefahren. Auch seine Fähigkeiten als Ingenieur sprachen für ihn, daher wurde ihm zusammen mit Odell die Aufgabe übertragen, sich um die Sauerstoffgeräte zu kümmern. Kurz vor der Abreise schrieb Irvine an Sydney Spencer, dem Joint Secretary of the Mount Everest Committee:

> *Ich lege die Liste von Werkzeugen bei, die ich für einen kleinen Werkzeugkasten für die Sauerstoffgeräte vorschlagen sollte ... Sie passen in eine ziemlich kleine Kiste und keines ist sehr schwer.*

Nachdem alle Teilnehmer ausgewählt und die Ausrüstung und Vorräte vor Ort waren, machten sich diejenigen, die noch nicht in Indien waren, per Schiff auf den Weg. Mallory, Irvine, Bentley Beetham und John de Vars Hazard reisten mit der SS California von Liverpool nach Mumbai und von dort mit der Bahn nach Kolkata und weiter nach Darjeeling, wo sie sich wieder die Dienste von Karma Paul und seinem Assistenten Gyalzen Kazi sicherten. Sie engagierten auch den Schuster Moti und den Naturforscher Rhombu, die beide schon 1922 an der Expedition teilgenommen hatten. Auch vier Gurkha-Unteroffiziere waren zum zweiten Mal dabei. Um die Ausrüstung und Vorräte nach Tibet zu schaffen, wurden einige Hundert Lasttiere angemietet, und um alles für den Gipfelsturm Nötige vom Basislager zu den höheren Lagern zu schleppen, wurden Träger aus dem Himalaja, vor allem Sherpas, rekrutiert.

Am 25. März verließ der Trupp Darjeeling Richtung Norden und gewann dabei schnell an Höhe. Sie überquerten auf 4386 Metern Höhe den Jelep-La-Pass nach Tibet und folgten dem Chumbi-Tal zum Ort Phari. Sie waren nun im tibetischen Hochland und gingen auf der Route nach Westen, die von den vorhergehenden Expeditionen bekannt war. Auf dem Weg hielten sie an Orten wie Kampa Dzong, Tingri und Shekar Dzong. Krankheitsschübe, die durch den kalten Wind, den Staub und die unhygienischen Bedingungen auf der Hochebene ausgelöst wurden, unterbrachen die Reise, aber auch Trainingsbesteigungen zur Akklimatisierung.

72. Mitglieder des Everest-Teams beladen bei Sedongchen die Pferde. Fotografiert von B. Beetham.

73. Der Everest von Pang La aus, 1924. Andrew Irvine (rechts), George Mallory (links daneben) und zwei unbekannte Träger rasten auf dem Pang-La-Pass und bewundern die verschneiten Gipfel des Everest und der Himalaja-Gebirgskette. Fotografiert von N. E. Odell.

73

74. Rongpu-Kloster mit dem Everest in der Ferne. Das Basislager wurde vom Kloster aus 6,5 Kilometer weiter talaufwärts errichtet, an derselben Stelle wie bei den zwei vorherigen Expeditionen. Norton schrieb später, der alte Zeltplatz »sah aus, als hätten wir ihn erst gestern verlassen«. Fotografiert von B. Beetham.

Ende April kamen sie am Rongpu-Kloster an und richteten kurz darauf das Basislager auf 5120 Metern (16 800 ft) Höhe ein. Edward Norton schrieb:

So endete die erste Phase der Expedition; wir lagen gut in der Zeit und waren in einem überraschend guten Gesundheitszustand. Die Maschine ist bisher so reibungslos gelaufen, dass man uns verzeihen mag, wenn wir optimistisch in die Zukunft blicken.

Nortons Optimismus schien berechtigt, als sie am 30. April mit der nächsten Etappe der Expedition begannen und drei Lager auf dem Ost-Rongpu-Gletscher und ein Lager am Nordsattel (Lager IV) errichteten. In Tibet hatten sie speziell für diese Phase zusätzliche Träger angeheuert. Unter Aufsicht der Gurkha-Unteroffiziere wurden die Lager I und II ohne ernsthafte Probleme ausgestattet. Lager III erwies sich als weitaus schwierigeres Unterfangen. Am 11. Mai, nach mehreren Tagen strenger Kälte und heftiger Winde, beschloss Norton den allgemeinen Rückzug, und Bergsteiger wie Träger kehrten ins Basislager zurück, um sich zu erholen.

Auf dem Abstieg starb Man Bahadur, einer der Schuster, nach schweren Erfrierungen an beiden Füßen an einer Lungenentzündung, und Lance-Naik Shamsherpun, einer der Gurkhas, erlitt eine Hirnblutung. Nur eine größere Operation hätte sie retten können, so starben sie tragischerweise beide und wurden an einem geschützten Ort in der Nähe des Basislagers beerdigt. Nach dem Verlust von Shamsherpun schrieb Norton: »Durch seinen Tod ist die Expedition um einen ritterlichen und loyalen jungen Mann ärmer geworden, der durchwegs mit unübersehbarem und aufrichtigem Eifer gearbeitet hat.«

Nach einigen Tagen Rast im Basislager waren die übrigen Bergsteiger und Träger fit genug für eine Segnungszeremonie im Rongpu-Kloster. Kurz darauf verbesserte sich das Wetter so weit, dass die Gletscherlager wieder besetzt werden konnten. Am Abend des 19. Mais war Lager III voll belegt und die herausfordernde Aufgabe, das Lager IV einzurichten, begann.

75. Bei Kupup – Aufstieg zum Jelep La.
Ein britischer Expeditionsteilnehmer reist
auf einem Maultier und wird von einem
Träger zu Fuß begleitet. Fotografiert von
B. Beetham.

75

77

76. **Eine Gruppe im Shekar des Dzongpen**.
Darunter George Mallory (Dritter von
links), Edward Norton (Vierter von links),
der Dzongpen von Shekar (Zweiter von
rechts) und Geoffrey Bruce (ganz rechts).
Fotografiert von J. B. Noel.

77. **Nach der Segnungszeremonie durch den
Heiligen Lama, Rongpu**. Da der Ober-Lama
krank gewesen war, erhielten sie den Segen
des Zatul Rinpoche erst, nachdem sich die
Expedition aufgrund des schlechten Wetters
zum Basislager zurückziehen musste.
Fotografiert von N. E. Odell.

78. Die Nordwand des Everest, der Rongpu-Gletscher (mit Gletschermoräne) und das Basislager. Die winzigen Zelte des Basislagers verschwinden fast vor der Größe des Mount Everest und der umgebenden Gipfel. Fotografiert von B. Beetham.

79. Ein Expeditionsteilnehmer erkundet die Eisspitzen des Ost-Rongpu-Gletschers. Dieses Foto blickt nach Norden auf den Lixin Ri (früher Kellas Rock Peak) und zeigt einen zugefrorenen See, an dem die Expedition auf dem Weg über den Gletscher eine halbe Stunde Rast machte. Fotografiert von J. B. Noel.

80. Seiten aus dem Tagebuch von Lager III, 5. Mai bis 11. Juni 1924. In den Lagertagebüchern wurden die Wetterbedingungen, Lebensmittel- und Lagerprotokolle festgehalten sowie die Gänge der Expeditionsteilnehmer zwischen den Lagern nachverfolgt. Ein Eintrag vom 11. Mai von Howard Somervell beschreibt »den härtesten Tag, den ich jemals erlebt habe. Wind, Schnee, keine erwähnenswerte Sonne und fast unmöglich, sich draußen aufzuhalten«.

80

81. Große Spalten im Gletscher. Ein Expeditionsteilnehmer untersucht die steile Kante einer Spalte, als die Expedition den Ost-Rongpu-Gletscher hinaufzieht. Fotografiert von J. B. Noel.

81

82

82. Das Foto zeigt die erste Seilschaft beim Aufstieg durch den »Trog« im Ost-Rongpu-Gletscher zum Lager III. Die zweite Seilschaft ist winzig klein in der Ferne auf dem Gletscher zu sehen. Sie erreichten Lager III am 5. Mai um 18 Uhr. Fotografiert von A. C. Irvine.

1924

111

ZUSÄTZLICHER SAUERSTOFF

Aus den Sammlungen

Die erstmalige Verwendung von zusätzlichem Sauerstoff im Himalaja wurde bei der Besteigung des Trishul 1907 durch Tom Longstaff dokumentiert. Doch über seine Verwendung und Wirksamkeit wurde nur wenig notiert. Ein Jahrzehnt später hielt Alexander Kellas einen Vortrag in der Royal Geographical Society mit dem Titel »Eine Betrachtung der Möglichkeit der Besteigung des höheren Himalajas«, der sich mit den physiologischen und physischen Herausforderungen in der Besteigung der höchsten Himalaja-Gipfel befasste. Kellas' Forschung über die physiologischen Auswirkungen beim Aufstieg mit Höhenballons zeigte, dass Sauerstoff in großen Höhen ungemein hilfreich war. Seine Versuche mit zusätzlichem Sauerstoff während seiner Besteigung des Kamet 1920 halfen bei der Planung der Mount-Everest-Reconnaissance-Expedition 1921. Die Expedition nahm daraufhin Sauerstoffflaschen mit, doch da Kellas auf der Anreise zum Mount Everest starb, wurde der Sauerstoff nie genutzt.

83

Auch für die Mount-Everest-Expedition 1922 wurde zusätzlicher Sauerstoff in Erwägung gezogen, vor allem aufgrund der Arbeiten des australischen physikalischen Chemikers George Finch, der in Oxford zusammen mit Georges Dreyer und P. J. H. Unna in einer Dekompressionskammer Versuche durchgeführt hatte. Finch war ursprünglich zur Expedition von 1921 eingeladen, dann jedoch in einer zweiten medizinischen Untersuchung als untauglich eingestuft worden. Die »englische Luft«, wie sie die Träger nannten, erwies sich 1922 als großer Erfolg, als Geoffrey Bruce und Finch mit 8321 Metern (27300 ft) einen neuen Höhenrekord aufstellten und damit den Vorteil gegenüber dem Gehen ohne Hilfe von Sauerstoff aufzeigten. Trotzdem blieb die Verwendung zusätzlichen Sauerstoffs in den 1920er-Jahren unter den Bergsteigern ein Diskussionsthema. Einige hielten sie für artifiziell und unsportlich, doch Finch war fest von der Verwendung überzeugt.
Das Gerät der Expedition von 1924 basierte auf Finchs modifizierter Version von 1922 und besaß eine leichtere Flasche mit höherem Fassungsvermögen. Bemerkenswerterweise wurde Finch weder zur Expedition von 1924 noch zu einer der folgenden Expeditionen eingeladen. Doch seine bahnbrechenden Arbeiten über den Sauerstoff erwiesen sich für den erfolgreichen Gipfelsturm als außerordentlich wertvoll.

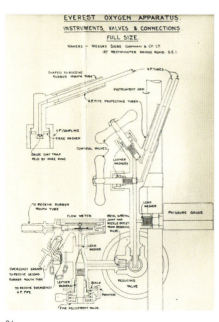

84

85

»Ich möchte den Ankläger daran erinnern, dass der Bergsteiger durch das Einatmen von ein wenig lebensspendendem Gas nicht die rauen Felsen des Berges einebnet oder den Sturm beruhigt; noch ist er ein Aladin, der durch das Reiben an einem magischen Ring von unsichtbaren Kräften zu seinem Ziel geweht wird. Sauerstoff macht mehr von seinem Energievorrat verfügbar und beschleunigt so seine Schritte, aber er stattet ihn leider nicht mit den Flügeln des Merkurs an seinen Füßen aus. Die Logik des Anti-Sauerstofflers ist sicherlich fehlerhaft.«

– George Finch, *The Geographical Journal*, Dezember 1922

83. Ein Sauerstoffsystem mit vier Flaschen, das in der Mount-Everest-Expedition 1922 verwendet wurde und George Finch gehörte.

84. Der Plan des Sauerstoffsystems der Mount-Everest-Expedition 1924 mit Instrumenten, Ventilen und Verbindungen.

85. George Finch mit dem Sauerstoffsystem der Expedition von 1922. Er arbeitete unermüdlich an der Verbesserung des Systems und modifizierte es für die Expedition von 1924. Fotografiert und handkoloriert von J. B. Noel.

86. Captain Finch und Sauerstoffausrüstung. Mount-Everest-Expedition 1922. Finch glaubte fest an den Nutzen der Sauerstoffausrüstung beim Bergsteigen. Fotografiert von J. B. Noel.

87. Irvine mit Sauerstoffflasche. Andrew Irvine teilte sich die Verantwortung für die Sauerstoffgeräte während der Mount-Everest-Expedition 1924 mit Noel Odell. Fotografiert von B. Beetham.

86

87

6

DER LETZTE ANSTIEG

Nachdem Lager III wieder besetzt war und sich das Wetter gebessert hatte, war die nächste Herausforderung für die Expedition, eine sichere Route zum Nordsattel hinaufzufinden – eine »gefährliche Mauer aus Eis, wie eine Falle am Fuß des Berges«, so schrieb Geoffrey Bruce später – und Lager IV zu errichten. George Mallory und Edward Norton spurten den Weg mit Unterstützung von Noel Odell und Lhakpa Tsering, den Norton als »drahtigen und tatkräftigen Träger« beschrieb. Ihnen folgten Gruppen von Sherpa-Trägern.

Die neue Route zum Nordsattel mied die durch Lawinen gefährdeten Gebiete der Route von 1922, erforderte aber einige schwiege Kletterpassagen, einschließlich des Aufstieges durch einen 60 Meter hohen vereisten Kamin (der Bergsteigerbegriff für einen vertikalen Felsspalt, der groß genug ist, um darin zu klettern). Die Träger mit ihrem Gepäck konnten nicht durch den Kamin steigen, daher musste die schwere Ladung mit einem Seil hochgehievt werden – eine Aufgabe, bei der sich Andrew Irvine auszeichnete. Lager IV wurde am 21. Mai erfolgreich errichtet. Doch die Anstrengungen während der Errichtung des Lagers hatten die Seilschaft erschöpft. Zu ihrer Enttäuschung verschlechterte sich auch das Wetter wieder und die Bergsteiger sahen sich gezwungen, sich ein zweites Mal zurückzuziehen. Im Lager I wurde »Kriegsrat« abgehalten. Die Seilschaft formierte sich neu und erarbeitete einen Plan für einen weiteren Versuch zur Errichtung der höheren Lager. Für diese Arbeit wurden 15 der fittesten und stärksten Sherpa-Träger ausgewählt. Zu diesen Männern mit dem Spitznamen »Höhentiger« gehörten Norbu Yishe, Lhakpa Chjedi, Semchumbi, Dorjay Pasang und Lobsang Tashi. Da sich der Monsun ankündigte, wurde auch ein Plan für den frühestmöglichen Aufstieg zum Gipfel gemacht: Mallory und Bruce sollten den ersten Versuch wagen, Norton und Howard Somervell den zweiten, Odell und Irvine sollten beide Seilschaften von Lager IV aus unterstützen. Die Bergsteiger hatten nun den Punkt erreicht, an dem sich ihre Pläne und Träume erfüllen konnten.

Zur Mannschaft von 1924 gehörte eine Reihe von versierten Fotografen, wie Bentley Beetham, der die gewaltige Aufnahme »Aufstieg am Nordsattel« (Bild 93, S. 122) schoss. Auch der professionelle Fotograf und Filmemacher John Noel war dabei, der 8000 £ für die Bildrechte bezahlt hatte und mit dieser Summe entscheidend geholfen hatte, die Expedition zu ermöglichen. Die dramatischste Szene fing Howard Somervell ein, als er mit Edward Norton versuchte, den Gipfel zu erreichen, und ihr Vordringen auf die neue Rekordhöhe von 8573 Meter (28126 ft) festhielt. Somervells letzte Aufnahme markierte den höchsten Punkt auf der Erde, an dem jemand bis dahin ein Foto aufgenommen hatte.

»Das Vorankommen auf dem Nordgrat des Everest lässt sich nicht beschreiben. Es ist ein Kampf gegen Wind und Höhe, in der Regel auf Fels, manchmal auf Schnee, mit einer Durchschnittssteigung von 45 Grad.«

– Edward Norton, *The Fight for Everest: 1924*

88. Die Nordwand und der Gipfel des Mount Everest. Bentley Beetham nahm dieses Foto auf, als er sich dem Lager III unterhalb des Nordsattels näherte. In der Mitte befindet sich die große Rinne (Couloir), die Edward Norton bei seinem Gipfelversuch querte. Der Gipfel ragt rechts davon auf.

DIE NORDWAND

Essay von Peter Gillman

Am 1. Juni, um 6 Uhr verließen George Mallory und Geoffrey Bruce unterstützt von acht Sherpa-Höhenträgern den Nordsattel zum ersten Gipfelanlauf der Expedition von 1924. Obwohl es bei Tagesanbruch schön war, traf sie ein harter Nordostwind, als sie den breiten Nordgrat über dem Nordsattel erklommen. Mallory hatte gehofft, Lager V auf 7711 Metern (25300 ft) zu errichten, aber sie waren noch 90 Meter darunter, als vier der Träger sagten, sie könnten nicht mehr weiter. Sie drängten weiter und stellten schließlich auf bröckelndem Fels auf der vom Wind abgewandten Seite des Grates zwei winzige Zelte auf 7681 Metern (25200 ft) auf. Fünf der Träger kehrten zum Nordsattel zurück, drei blieben, um die Lasten am nächsten Tag weiterzuschleppen. Doch am Morgen kam die Enttäuschung. Die Träger sagten, sie seien zu müde, um weiterzugehen. »Offenbar hatte der Wind ihnen den Mut geraubt", schrieb Edward Norton. Mallory hatte gehofft, das nächste Lager auf 8230 Metern (27000 ft) anzulegen – 610 Meter (2000 ft) unterhalb des Gipfels –, doch ohne Träger, die ihnen halfen, waren sie gezwungen, wieder zum Nordsattel abzusteigen.

Am selben Tag, dem 2. Juni, brachen Norton and Howard Somervell vom Nordsattel aus mit sechs Trägern zu ihrem eigenen Gipfelanlauf auf. Nach etwa zwei Stunden überraschte sie der Anblick von Mallory, Bruce und ihren Trägern, die zu ihnen abstiegen – »eine schwere Enttäuschung«, kommentierte Somervell. Er und Norton lagerten diese Nacht in Mallorys Lager V. Am nächsten Tag, dem 3. Juni, erreichten sie 8169 Meter (26800 ft), schabten eine Felsnische frei und stellten das Zelt auf, das als Lager VI diente, während ihre drei verbliebenen Träger zum Nordsattel abstiegen. Sie verließen das Lager am nächsten Tag, dem 4. Juni, um 6.40 Uhr und beschlossen, den großen Couloir anzuvisieren, der die Wand teilt, und nach seiner Überquerung zur finalen Gipfelpyramide aufzusteigen. Nach einer Stunde näherten sie sich dem Gelben Band, einem riesigen Felsband aus Sandstein, das die Nordwand durchzieht. Sie sahen, dass es aus einer Reihe von abfallenden Platten und Vorsprüngen bestand, die nur unsicheren Halt boten. Die Höhe forderte ihren Tribut, sie kamen immer langsamer voran und es war Mittag, als sie sich dem großen Couloir näherten. Somervell war mit ausgedörrtem Hals und krampfhaftem Husten am Ende seiner Kräfte. Er setzte sich auf einen Felsen und sagte Norton, er solle alleine weitergehen.

Norton stapfte noch eine Stunde weiter. Der Couloir war mit hüfthohem Schnee gefüllt und der Fels darunter sogar noch steiler. Er machte nun den fatalen Fehler, seine Schutzbrille abzunehmen, weil er meinte, sie würde seine Sicht beeinträchtigen. Doch dies war höchstwahrscheinlich auf den Sauerstoffmangel zurückzuführen. Um 13 Uhr hielt er halb blind an. Der Gipfel war immer noch etwa 240 bis 270 Meter über ihm, daher kehrte er um. Als Norton Somervell erreichte, brachen sie zum Abstieg auf – »fast mit einem Gefühl der Erleichterung, dass unsere schlimmsten Prüfungen vorbei waren«, schrieb Somervell. Das waren sie nicht. Sie kamen auf 7620 Meter (25000 ft) an und die Dämmerung brach ein, als Somervell erneut einen Hustenanfall hatte. Irgendetwas steckte in seinem Rachen und er drohte zu ersticken. Während Norton ahnungslos weiterging, schlug Somervell sich auf die Brust und hustete den Pfropfen aus – ein Teil der Schleimhaut seines Kehlkopfes, der durch Erfrierungen geschädigt worden war. Nachdem er sie zusammen mit etwas Blut ausgespuckt hatte, konnte er wieder atmen. Die zwei Männer stiegen weiter ab und gaben mit einer Taschenlampe Signale, als sie sich dem Nordsattel näherten. Mallory und Noel Odell stiegen zu ihnen auf und begleiteten sie zum Sattel, wo sie ihnen Tee und Suppe förmlich aufdrängten. Ihre Begleiter, schrieb Norton, »waren die Liebenswürdigkeit selbst« und gratulierten ihnen zum neuen Höhenrekord – »obwohl wir selbst nichts als Enttäuschung über unser Versagen empfanden«. Am Abend des 4. Juni kroch Norton in seinem Zelt auf dem Nordsattel in den Schlafsack. Fast blind und mit enormen Schmerzen bemerkte er, dass Mallory sich in seinem Schlafsack neben ihn gelegt hatte. Dann verkündete Mallory, er wolle noch einen Anlauf machen. »Ich stimmte seiner Entscheidung völlig zu«, schrieb Norton, »und war voller Bewunderung für den unbeugsamen Geist dieses Mannes.«

Für Mallory erschien dieser Entschluss zwingend. Er war der Einzige, der bei allen drei Expeditionen – 1921, 1922 und 1924 – dabei war. Er hatte den Weg gebahnt, nach monatelanger Suche 1921 den Nordsattel gefunden und war 1922 zu ihm aufgestiegen. Jedes Mal hatte er seine Frau Ruth und seine drei kleinen Kinder zu Hause zurückgelassen. Ruth, obwohl bedingungslos loyal, hatte vor seiner erneuten Abreise ihr Unbehagen deutlich ausgedrückt. Mallory hatte ihr versprochen, dass es sein letzter Versuch sein würde, und träumte von einem neuen Leben und Beruf, falls er Erfolg haben würde. Wie standen also seine Chancen? Aus heutiger Sicht waren drei Faktoren zu berücksichtigen: Kleidung und Ausrüstung; zusätzlicher Sauerstoff; und die Wahl der Route. Was Ersteres betrifft, so war es zeitweise in Mode, die frühen Everest-Besteiger als Blauäugige im Ausland darzustellen, die nicht wussten, welche Gefahren ihnen drohten. George Bernard Shaw merkte an, die Bergsteiger würden in einem Gruppenfoto von 1921 aussehen, als wären sie während eines »Picknicks in Connemara von einem Schneesturm überrascht« worden. Einige von ihnen trugen tatsächlich Norfolk-Jacken, Knickerbocker, Wickelgamaschen und Trilbys. Doch dies trugen sie in der Regel auf den langen Märschen durch Tibet oder im Alltag des Basislagers und nicht zum Bergsteigen in der Höhe. Die Expedition war auf dem neuesten Stand der Zeit und profitierte von den Erfahrungen der

89

90

89. Edward Norton (1884–1954). Fotografiert von J. B. Noel.

90. Dr. T. Howard Somervell (1890–1975). Fotografiert von B. Beetham.

Polarexpeditionen und der Forschung, die für die Piloten des Ersten Weltkrieges durchgeführt wurde. Höhenbergsteiger wie Mallory trugen winddichte »Shackleton«-Baumwolljacken, die für die Antarktis entwickelt worden waren, und pelzgefütterte lederne Motorradhelme; ihre Unterwäsche bestand aus mehreren Lagen aus Baumwolle oder Wolle und Seide.

Mallory hatte auch einige persönliche Favoriten: ein Flanellhemd von Paine's Outfitters in Godalming, Surrey, England; einen braunen, langärmeligen Pullover und eine gemusterte Weste von Ruth. Er trug Lederstiefel, die mit V-förmig angebrachten Nägeln bespickt waren, die besseren Halt gaben. Im Vergleich zu moderner Hightech-Ausrüstung mag die Kleidung von 1924 primitiv erscheinen. Aber bei gutem Wetter, das in der verhängnisvollen ersten Juniwoche 1924 noch über dem Everest herrschte, war die Kleidung kein entscheidender Faktor.

Die Verwendung von Sauerstoffgeräten erwies sich als problematischer. Mallory war nie zuvor mit zusätzlichem Sauerstoff berggestiegen, entschied sich nun aber dafür. Auch diese Ausrüstung basierte auf der, die für die Piloten des Ersten Weltkrieges entwickelt worden war und den Sauerstoffmangel in großer Höhe ausgleichen sollte. Einige Bergsteiger hielten die Verwendung von Sauerstoff für unfair oder für ein »künstliches« Hilfsmittel. Mallory stimmte dem zeitweise zu, doch als die Seilschaft 1924 im letzten Versuch alles auf eine Karte setzte, überwand er seine Vorbehalte, um der Expedition die bestmögliche Chance zu geben.

Dieser Sinneswandel wirkte sich entscheidend auf Mallorys Partnerwahl aus. Als er in seinem Zelt lag und seinem Bergkameraden zuhörte, hatte Norton erwartet, Mallory würde den Geologen Noel Odell wählen, der mit seinen 34 Jahren zu den erfahrensten Expeditionsteilnehmern zählte und noch relativ frisch war. Stattdessen entschied sich Mallory für den 22-jährigen Oxford-Studenten »Sandy« Irvine, der sich als Experte im Umgang mit den Sauerstoffgeräten erwiesen hatte. Irvine hatte die Systeme modifiziert, um den Sauerstofffluss zu vereinfachen, und ihr Gewicht um 2,3 Kilogramm reduziert. Obwohl er einen schweren Sonnenbrand hatte, willigte er sofort ein, als Mallory ihn einlud, ihn zu begleiten. Am Abend des 5. Juni schrieb Irvine einen knappen letzten Eintrag in sein Tagebuch: »Mein Gesicht ist eine einzige Qual. Habe zwei Sauerstoffgeräte für unseren Aufbruch morgen früh vorbereitet.«

Nur ihre Route mussten sie noch festlegen. Die Expedition von 1924 hatte bereits von den Leistungen ihrer Vorgänger profitiert. Die Expedition von 1921 hatte mit Mallory an der Spitze den Nordsattel als Stützpunkt für den Anstieg auf den 1829 Meter höher liegenden Gipfel ausgemacht. Die Bergsteiger, die es 1922 und 1924 versuchten, waren dem breiten Nordgrat gefolgt, bevor sie versuchten, die riesige Nordwand zu durchqueren, in der Norton ein kurzes Stück über den großen Couloir hinausgegangen war, der die Wand nach unten teilt. Mallory war der Ansicht, dass es eine Alternative gab, und zwar zum Kamm des Nordostgrates aufzusteigen und ihm bis zum Gipfel zu folgen. Das würde die Schwierigkeit, den richtigen Weg zu finden, verringern, aber auch bedeuten, dass zwei respekteinflößende Pfeiler, die Erste und Zweite Felsstufe, zu überwinden waren.

Die beiden Männer standen am 6. Juni früh auf, frühstückten mit Sardinen, Keksen, Schokolade und Tee. Der immer noch blinde Norton schüttelte ihnen die Hände und wünschte ihnen viel Glück. Um etwa 7.30 Uhr brachen sie vom Nordsattel auf und folgten dem breiten Nordgrat, den Mallory vier Tage zuvor mit Bruce gegangen war. Zusammen mit acht Trägern erreichten sie frühzeitig Lager V, vier von ihnen schickte Mallory zurück zum Nordsattel. Am 7. Juni ging die Gruppe weiter zum Lager VI auf 8169 Metern (26800 ft). Während des Anstieges benutzten Mallory und Irvine zeitweise ihre Sauerstoffgeräte.

Nachdem sie das Lager erreicht hatten, schrieb Mallory zwei kurze Briefe. Einer war für John Noel und teilte ihm mit, wo er nach ihnen schauen sollte, wenn er und Irvine am nächsten Tag zum Gipfel stiegen. Das ließ darauf schließen, dass er sich entschieden hatte, auf den Kamm des Nordostgrates zu klettern und die beiden Felsstufen zu überwinden. Der zweite Brief ging an Odell und bat um Entschuldigung, dass er das Lager »in solch einem Durcheinander« verlassen hatte. Mit Verweis auf die Sauerstoffausrüstung schrieb er: »Wir werden wahrscheinlich mit zwei Flaschen gehen.« Und fügte hinzu: »Es ist eine verdammte Last beim Klettern.« Mallory endete mit der optimistischen Bemerkung: »Perfektes Wetter für das Vorhaben.«

Die Briefe gab Mallory den vier Trägern mit, die sie bis zum Lager VI begleitet hatten und sich nun für den Abstieg vorbereiteten. Als ein Träger Noel seinen Brief überreichte, sagte er, dass es den beiden gut ginge und das Wetter gut aussah. Es ist auf gewisse Weise bezeichnend, dass ein Sherpa-Träger die letzte Person war, die sich mit Mallory und Irvine unterhielt und mit den letzten beiden Mitteilungen Mallorys abstieg.

91

92

91. George Leigh Mallory (1886–1924). Fotografiert von B. Stone.

92. Andrew »Sandy« Irvine (1902–1924). Fotografiert von C. Broom.

93. Aufstieg am Nordsattel. Das Lager IV oder »Nordsattellager« wurde auf dem Nordsattel errichtet. Eine Gruppe von Bergsteigern wird vor der hoch aufragenden Eiswand des Nordsattels zu Zwergen. Dies war die Stelle des Unglückes von 1922, bei dem sieben Träger in einer Lawine starben. Fotografiert von B. Beetham.

94. Lager IV am Nordsattel unter einer verschneiten Spitze. Lager IV befand sich auf einem Felsvorsprung unterhalb des Kammes des Nordsattels und bot etwas Schutz vor dem heftigen Wind. Der Fotograf John Noel taufte es »Eisklifflager«. Das Foto zeigt den Kamm des Everest-Nachbarn Changtse, der sich über riesige Schneewechten erhebt. Fotografiert von J. B. Noel.

94

95

95. Geoffrey Bruce, George Mallorys Partner
beim ersten Gipfelversuch der Expedition
von 1924, fotografiert im Basislager,
zusammen mit drei Sherpa-Höhenträgern,
die für das Unternehmen von 1924 so
entscheidend waren.

96. Blick vom Everest auf 7315 Metern
nach Nordwesten. Als Edward Norton und
Howard Somervell am 2. Juni 1924 zu ihrem
Gipfelversuch aufbrachen, nahm Somervell
eine Reihe von Fotos auf, als sie immer
höher stiegen. Das erste zeigt den Pumori
(7161 m), die dreieckige Spitze links, der über
dem Rongpu-Gletscher aufragt. Fotografiert
von T. H. Somervell.

96

97

97. Der Gipfel aus 8230 Metern (27 000 ft). Howard Somervell nahm dieses Foto in der Nähe des Lagers V auf, das er mit Edward Norton am 3. Juni 1924 erreichte. Es zeigt das schwierige Hanggelände, das vor ihnen lag. Fotografiert von T. H. Somervell.

98. Aus 8382 Metern (27 500 ft). Dieses Foto vom Morgen des 4. Juni 1924 zeigt, dass Edward Norton und Howard Somervell nun auf den Pumori in der Mitte des Bildes hinabsehen konnten. Fotografiert von T. H. Somervell.

98

127

99

99. Aus 8565 Metern (28100 ft). Howard Somervells machte seine höchste Aufnahme, als Edward Norton alleine weiterging. Das Bild zeigt unten die weitgeschwungene Kurve des Nordsattels mit dem Grat, der zum Changtse hochführt (links). Fotografiert von T. H. Somervell.

100. Norton am höchsten Punkt ohne Sauerstoff. Als Edward Norton alleine weiterging, fotografierte ihn Howard Somervell, wie er sich auf dem Weg Richtung Gipfel vortastete. Norton erreichte 8573 Meter (28126 ft), bevor er umkehrte – diese Rekordhöhe hielt bis 1952 und der Rekord für den Aufstieg ohne zusätzlichen Sauerstoff wurde erst 1978 übertroffen. Fotografiert von T. H. Somervell, später handkoloriert von J. B. Noel.

102

101. Edward Norton und Howard Somervell
mit den drei »Höhentigern«, die mit ihnen
bis zum Lager VI aufstiegen: Norbu Yishe,
Lhakpa Chjedi und Semchumbi. Fotografiert
und später handkoloriert von J. B. Noel.

102. Am Vorabend seines Gipfelversuches
schickte George Mallory mit einem der
Sherpa-Träger eine Mitteilung an John Noel:
»Lieber Noel, wir werden vermutlich morgen
früh aufbrechen (am 8.), um klares Wetter zu
haben. Es wird nicht zu früh sein, um 8 p.m.
nach uns Ausschau zu halten, entweder beim
Queren des Felsbandes unter der Pyramide
oder beim Aufstieg am Grat. Ihr G. Mallory.«
Mallory teilte Noel mit, wo er nach ihm und
Irvine suchen sollte, um ihren Aufstieg zu
filmen oder zu fotografieren. Die Zeit 8 p.m.
(20 Uhr) ist ein Fehler und sollte eindeutig
8 a.m. (8 Uhr) lauten.

AUSRÜSTUNG UND VORRÄTE

Aus den Sammlungen

Die britischen Mount-Everest-Expeditionen der 1920er-Jahre werden in der Regel nur aus dem Blickwinkel der Schlagzeilen gesehen: die Teilnehmer, die Erfolge, die Tragödien. Aber jede der Expeditionen erforderte eine sorgfältige Planung, um sicherzustellen, dass die Bergsteiger gesund und richtig ausgerüstet im Basislager ankamen. Die Beschaffung der richtigen Ausrüstung und Lebensmittel für mehrere Monate war von entscheidender Bedeutung. Das Mount-Everest-Komitee besorgte einen Großteil im Vereinigten Königreich, einiges der Ausrüstung kam jedoch vom europäischen Festland und aus Indien.

Die meisten Nahrungsmittel – wie Kondensmilch, Sardinen, Irish Stew und Fray Bentos Bully Beef – wurden von der Armee und der Navy Cooperative Society geliefert. Zu den getrockneten Lebensmitteln gehörten Butterkekse von Huntley & Palmer, Ingwer-Nuss-Kekse und Hafer von Quaker. Vier Dutzend Flaschen Montebello-Champagner komplettierten das Angebot. Das Essgeschirr wurde von Fortnum & Mason gestellt.
Cary Porter und Negretti & Zambra lieferten die wissenschaftlichen Instrumente, darunter Luftdruckmesser und Thermometer. Die Sauerstoffausrüstung kam von Siebe Gorman und der British Oxygen Company; Bergans meis og Rygsæk aus Norwegen lieferte einen Tragekorb zum Transport von Kranken oder Verwundeten; und die Zelte stellte Benjamin Edgington. Weniger wichtig, aber notwendig, waren die Schreibwaren von W. H. Smith, die Firma spendete auch eine Remington-Reiseschreibmaschine.

Auch die Kleidung war wichtig. Ihre Auswahl beruhte auf den Erfahrungen früherer Everest- und Polarexpeditionen. Burberry lieferte winddichte Kleidung in Form ihrer »Shackleton Sledging Outfits« und Cooper, Allen & Co aus Kanpur stellte 22 Stiefelpaare für die Sherpa-Träger bereit.
Die Expedition stellte auch eine Marketingmöglichkeit dar, für die Sponsoringdetails und Produktplatzierungen ausgehandelt wurden. Durch das öffentliche Interesse an der Heldengeschichte der Expedition waren die Unternehmen sehr daran interessiert, dass die Bergsteiger ihre Marken unterstützten, und die Produkte wurden in zahlreichen Anzeigen als »von der Expedition 1924 verwendet« oder für sie »geliefert« beworben.

103

104

106

107

103. »Keine Expedition ist komplett ohne die Remington Portable.« Diese Anzeige erschien im *The Geographical Journal*, März 1926.

104. Ein Brief vom 6. November 1924 von Burberrys Ltd. an Charles Granville Bruce. Bruce hatte Burberrys für die Ausstattung der Bergsteiger gedankt und angemerkt, dass sie »hervorragend in der Verarbeitung war: Es ist zweifelhaft, ob es ein anderes Material gibt, das Leichtigkeit, Haltbarkeit und Windbeständigkeit so erfolgreich vereint«.

105. Eine auf Andrew Irvine ausgestellte Rechnung von Moss Bros & Co. Vom 6. Februar 1924.

106. Eine Rechnung für Material, das Benjamin Edgington lieferte. Die Firma stattete die Expedition mit Koffern, Schlafsäcken, Matratzen, Rucksäcken und Tischen aus.

107. Eine Anzeige von Silver and Edgington im *The Geographical Journal*, August 1924. Sie bewarb das »Whymper-Zelt«, das für die Mount-Everest-Expedition 1924 geliefert wurde.

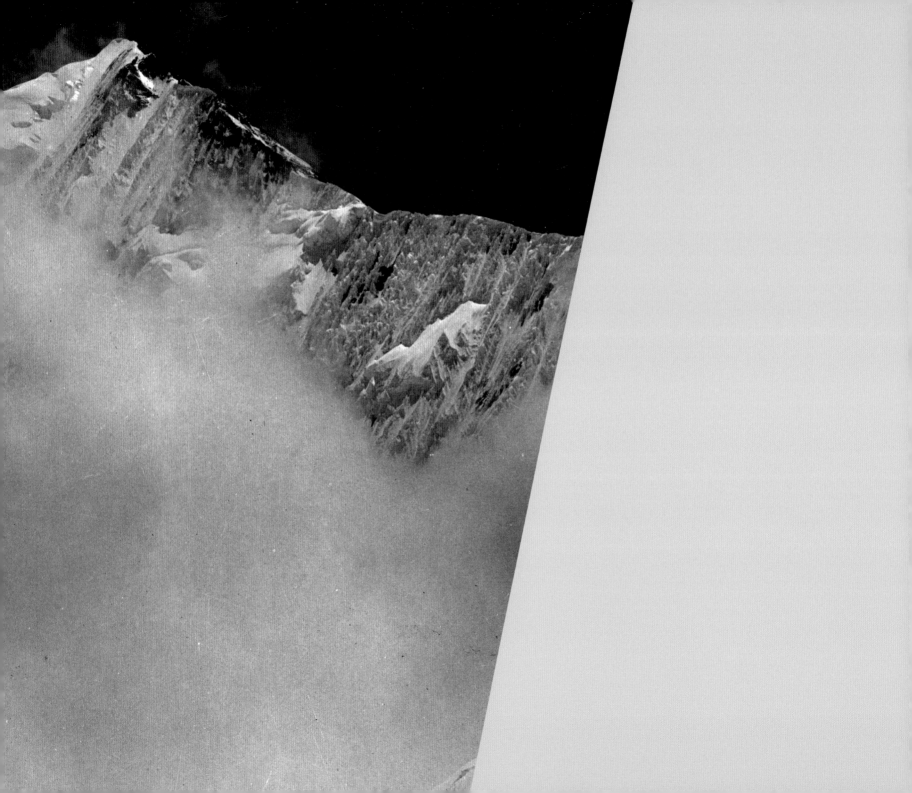

7

24
STUNDEN

Noel Odell war Geologe und Ausbilder an der Royal School of Mines, bevor er im Ersten Weltkrieg bei den Royal Engineers diente. In den frühen 1920er-Jahren ging er zur Geologieabteilung der Anglo-Persian Oil Company. Schon mit 13 Jahren begann Odell, sich fürs Bergsteigen zu interessieren, und mit 26 wurde er Mitglied im Alpine Club. Die Belastungsfähigkeit und Ausdauer, die er in der Expedition der Oxford University nach Spitzbergen 1921 und der Expedition des Merton College in die Arktis 1923 zeigte, führte dazu, dass er für die Mount-Everest-Expedition 1924 ausgewählt wurde.

Odell teilte sich auf der Expedition die Verantwortung für die Sauerstoffausrüstung mit Andrew Irvine und unterstützte Mallory und Irvine im dritten Versuch, den Gipfel zu erreichen. Viele dachten wie Edward Norton, Odell würde für Mallory aufgrund seiner Fitness und Erfahrung der bevorzugte Partner sein. Doch Mallory plante, den Versuch mit Sauerstoff zu machen, und wählte Irvine wegen seines Geschickes und seiner Tatkraft bei der Arbeit mit der Sauerstoffausrüstung aus.

Am 6. Juni 1924 nahm Odell das letzte Foto von Mallory und Irvine auf, als sie sich im Lager IV (Bild 108, rechts) darauf vorbereiteten, mit acht Sherpa-Trägern aufzubrechen. Als er zur Unterstützung zum Lager V aufstieg, sah Odell bekanntermaßen etwas, von dem er glaubte, dass es sich um die beiden Bergsteiger handelte, die den Gipfelgrat hinaufstiegen und sich einer der beiden »Stufen« näherten, bevor die Szenerie in Wolken gehüllt wurde und die beiden Bergsteiger im Nebel verschwanden (Bild 111, S. 141).

Odells letzter Blick auf Mallory und Irvine, wie sie am Nordostgrat aufstiegen, führte zur unbeantworteten Frage: Erreichten Mallory und Irvine den Gipfel? Norton notierte: »Allein Odell hat die letzte und schwierigste Aufgabe des Unterstützers übernommen – die aussichtslose Suche nach einer Seilschaft, die verhängnisvoll überfällig ist.«

»Wir harren nun auf Neuigkeiten von Mallory und Irvine, die heute einen weiteren Versuch unternehmen, und hoffen, dass sie die dünne Gipfelluft durch künstlich zugeführten Sauerstoff anreichern und auf diese Weise in die Lage versetzt werden, die Hauptschwierigkeit beim Erreichen des Gipfels zu überwinden. Möge der Geist der Stahlflasche ihnen helfen! Wir hoffen das alle, denn niemand hat den Gipfel mehr verdient als Mallory ...«

– Edward Norton am 8. Juni aus dem Lager III, »The Mount Everest Dispatches«, *The Geographical Journal*, August 1924

108. Das letzte Bild von George Mallory (links) und »Sandy« Irvine, als sie dabei waren, am 6. Juni 1924 Lager IV für ihren Gipfelversuch zu verlassen. Edward Norton lag in einem der Zelte im Hintergrund und litt an schwerer Schneeblindheit. Fotografiert von N. E. Odell.

EINE STIMME AUS DEN ARCHIVEN

Expeditionsbericht von Noel Odell

Noel Odells Bericht über die tragischen letzten 24 Stunden ist im *Geographical Journal* der Royal Geographical Society vom Dezember 1924 dokumentiert. Er beschreibt den letzten Kontakt und den letzten Blick auf Mallory und Irvine sowie eine Reihe von unglaublichen Aufstiegen zur Unterstützung und Suche nach den beiden Bergsteigern.

Am Morgen des 6. Juni, um 8.40 Uhr, bei bestem Wetter, verließen Mallory und Irvine den Nordsattel zum Lager V ... Am 7. Juni, als sie vom Lager V zum Lager VI gingen, stieg ich zur Unterstützung mit dem einen verfügbaren Träger zum Lager V auf.
Der nächste Morgen brach klar und nicht übermäßig kalt an ... Ich brach zu meinem Alleingang zum Lager VI auf ... Auf etwa 7772 Metern (25500 ft) stieß ich auf ein Kalksteinband, das zu meiner Freude Fossilien enthielt – die ersten eindeutigen Formen, die auf dem Everest gefunden wurden ... Auf etwa 7925 Metern (26000 ft) kletterte ich auf eine kleine Felsspitze ... und als ich oben ankam, riss es plötzlich über mir auf und ich sah unverhüllt den gesamten Gipfelgrat und die höchste Spitze des Everest. Ich bemerkte weit entfernt auf einem Schneehang, der zur letzten Stufe vor dem Fuß der Gipfelpyramide führte, ein winziges Objekt, das sich bewegte und der Felsstufe näherte. Ein zweites Objekt folgte ihm und dann kletterte das erste die Stufe hinauf. Als ich diesen dramatischen Auftritt aufmerksam beobachtete, hüllten Wolken die Szenerie ein, und ich konnte nicht wirklich sicher sagen, dass ich sah, wie sich die zweite Figur zu der ersten gesellte.

Ich war vor allem überrascht, sie so spät, nämlich um 12.50 Uhr, an einem Punkt zu sehen, der laut Mallorys Plan spätestens um 10 Uhr erreicht hätte sein sollen. Ich konnte sehen, dass sie zügig gingen, als würden sie sich bemühen, verlorene Zeit wettzumachen. Sie bewegten sich zwar in offenbar nur mäßig schwierigem Gelände, aber man kann daraus nicht mit Sicherheit schließen, dass sie angeseilt waren – ein wichtiger Gesichtspunkt bei jeder Einschätzung dessen, was ihnen widerfuhr.
Ich ging meinen Weg zu Lager VI weiter und bei der Ankunft gegen 14 Uhr setzte ein ziemlich heftiger Schneesturm ein und der Wind nahm zu ... Mir wurde klar, dass es durchaus möglich war, dass Mallory und Irvine durch weiter oben früher einsetzendes schlechtes Wetter behindert wurden und zurückkehrten und die verdeckte Stelle von Lager VI im Schneesturm kaum zu entdecken sein würde ... Also ging ich in Richtung des Gipfels hinauf und, als ich etwa 60 Meter hochgeklettert war, jodelte und pfiff ich ... Nachdem ich etwa eine Stunde gewartet hatte, begriff ich, wie gering die Chance war, dass sie in Rufweite waren, und ich suchte meinen Weg zurück zum Zelt. Als ich es erreichte, legte sich der Sturm, der nicht mehr als zwei Stunden gedauert hatte, und die ganze Nordwand des Berges wurde

in Sonnenschein gebadet. Die oberen Felsspitzen waren sichtbar, aber ich konnte keine Hinweise auf die Seilschaft erkennen ... Ich verließ Lager VI ... gegen 16.30 Uhr und stieg in kurzer Zeit den Nordgrat hinunter, ging in der Nähe von Lager V in den Schnee und rutschte zum Nordsattel hinab. Ich erreichte das Lager um 18.45 Uhr ... Wir hielten bis spät in dieser Nacht Ausschau nach Zeichen, dass Mallory und Irvine zurückkehrten, oder auf Andeutungen eines Leuchtsignals oder Notfalls.

Am nächsten Morgen inspizierten wir mit Feldstechern die winzigen Zelte von Lager V und VI, falls sie spät zurückgekehrt waren und noch nicht mit dem Abstieg begonnen hatten. Aber es war überhaupt keine Bewegung zu sehen.

Mittags entschloss ich mich, zum Lager V hochzugehen und am nächsten Tag zu Lager VI ... Als ich das Zelt von VI erreichte, fand ich alles so, wie ich es verlassen hatte; das Zelt war offensichtlich nicht angefasst worden, seit ich zwei Tage zuvor da war ...

Nach einigen Stunden Suche begriff ich, dass die Chancen, die vermissten Männer in diesem riesigen Gebiet aus Felsspitzen und abgebrochenen Felsplatten zu finden, in der Tat klein waren ... Ich kehrte nur widerwillig zum Zelt zurück und schleppte die beiden Schlafsäcke unter großer Anstrengung eine steile Schneewehe hinauf ... Ich hatte mit Hazard vereinbart, mit den Schlafsäcken im Schnee dem Nordsattellager die Ergebnisse meiner Suche zu signalisieren ... zum Glück wurde das Signal 1200 Meter weiter unten gesehen ...

... Ich muss nun kurz über die vermutlichen Gründe für das Scheitern ihrer Rückkehr spekulieren. Sie hatten noch etwa 250 Meter zu bewältigen, um zur Spitze zu gelangen, und falls es auf der letzten Pyramide kein besonders schwieriges Hindernis gab, hätten sie dort zwischen 15 und 15.30 Uhr ankommen müssen. Das wäre nach Mallorys Plan drei bis vier Stunden zu spät gewesen und somit wäre es für sie beinahe unmöglich gewesen, vor Einbruch der Nacht Lager VI zu erreichen ... Doch gleichzeitig muss daran erinnert werden, dass der Mond schien ... Ungeachtet dessen könnten sie den Weg verloren und das Lager VI verfehlt haben und in ihrer Erschöpfung bis zum Tagesanbruch Schutz gesucht haben ... In dieser Höhe bei dieser Kälte zu schlafen, hätte sich beinahe sicher als tödlich erwiesen. Die andere Möglichkeit ist, dass sie durch einen Sturz ums Leben gekommen sind. Dies setzt voraus, dass sie angeseilt waren ... Für jemanden, der das Können und die Erfahrung von George Mallory in allen Arten von Berggelände und seinen Gegebenheiten kennt, ist es schwer zu glauben, dass er gestürzt ist ... Natürlich wurden sie durch die Sauerstoffgeräte behindert – eine sehr schwere Last beim Klettern ... Aber konnte ein solches Paar stürzen, wo das Klettern technisch so einfach zu sein schien?

109

109. Noel Odell (1890–1987), fotografiert von J. B. Noel während der Mount-Everest-Expedition 1924.

Es wurde angedeutet, dass die Sauerstoffgeräte versagt haben könnten und sie damit nicht genügend Kraft hatten, um zurückzukehren. Das kann ich nicht glauben ... Der Entzug von Sauerstoff, wenn man ihn nicht ausgiebig genutzt hat, hindert einen nicht daran, weiterzugehen, und am allerwenigsten daran, vom Berg herunterzukommen ... Ich neige daher zur ersten Sichtweise, dass sie zu Tode kamen, da sie von der Nacht überrascht wurden. Ich weiß, dass Mallory sagte, er würde in jedem Anlauf auf die letzte Spitze Risiken eingehen ... Das Wissen um seine von ihm bewiesene Ausdauer und die seines Begleiters könnte ihn dazu angespornt haben, den Gipfel in einem mutigen Versuch zu erreichen ...

Es bleibt die Frage: Wurde der Gipfel des Mount Everest bestiegen? Sie muss unbeantwortet bleiben, da es keinen Beleg dafür gibt. Doch man sollte all die Sachverhalte im Kopf behalten, die ich oben ausführte, und die Position berücksichtigen, an der sie zuletzt gesehen wurden. Ich halte es für sehr wahrscheinlich, dass Mallory und Irvine Erfolg hatten. Dabei muss ich es belassen.

110

110. Gneis mit Pegmatitgängen (hell) – Irvine, Beetham und Mallory. Noel Odell war Geologe und Ausbilder an der Royal School of Mines. Nach der Mount-Everest-Expediton-1924 war er von 1928 bis 1930 Dozent für Geologie an der Harvard University. Während der Expedition führte Odell umfangreiche Beobachtungen zur Geologie des tibetischen Hochlandes und des Himalajas durch und war der Erste der am Everest Fossilienproben sammelte. Fotografiert von N. E. Odell.

111. Illustration der Szene, in der Noel Odell nach Mallory und Irvine Ausschau hält, und die Orte der ersten und zweiten Position (Stufen), an denen Odell glaubte, er hätte die Bergsteiger durch den Nebel gesehen. Gezeichnet von D. Macpherson, 1924.

111

112

112. Chang La – Odell und Träger. Die Mount-Everest-Expedition 1924 war Noel Odells erste Himalaja-Expedition. Bemerkenswert ist, dass er elf Nächte lang auf über 7000 Metern blieb, um Mallory und Irvine zu helfen und sie zu suchen. Zudem suchte er zweimal alleine bis auf 8200 Metern (26 903 ft) Höhe nach den verschwundenen Bergsteigern. Fotografiert von J. de V. Hazard.

113. Lager IV am Nordsattel. Lager IV wurde während der Gipfelversuche von einer Unterstützergruppe aus zwei Bergsteigern benutzt. Fotografiert von J. B. Noel.

114

**114. Blick von Lager IV nach Südsüdost –
Noel mit Kamera**. John Noel pendelte
zwischen den Lagern, um den Fortschritt
der Besteigung zu filmen. Fotografiert von
J. de V. Hazard.

**115. Der von Wolken umhüllte Gipfel des
Mount Everest mit einem Teleobjektiv
aufgenommen**. John Noel nahm von den
unteren Lagern aus mit einem speziell
angefertigten Teleobjektiv detailreiche Fotos
des Gipfels auf und hielt den Fortschritt der
Bergsteiger fest. Fotografiert von J. B. Noel.

117

116. Khartaphu und der obere Ost-Rongpu-Gletscher vom Nordsattel aus.
Fotografiert von A. C. Irvine. Obwohl
der 22-jährige Andrew Irvine begrenzte
Bergsteigererfahrung hatte, war er, wie
Edward Norton schrieb, ein geschätzter
Teilnehmer, der »sich in aller Bescheidenheit
zumindest auf Augenhöhe mit den anderen
Mitgliedern unserer Gruppe behaupten
konnte« und sich mit seiner »heiteren
Kameradschaft, seiner Selbstlosigkeit und
seiner großen Tapferkeit beliebt machte,
nicht nur bei allen von uns, sondern auch bei
den Trägern«.

117. Das Foto zeigt den Aufstieg von George
Mallory und Andrew Irvine zum Everest-
Gipfel und den Ort, von dem aus Noel Odell
glaubte, dass er die beiden sah. Fotografiert
und handkoloriert von J. B. Noel.

116

24 Stunden

147

118. Nach der Rückkehr ins Basislager beaufsichtigten Howard Somervell und Bentley Beetham die Errichtung eines Denkmales mit den Namen von Mallory, Irvine, Man Bahadur und Shamsherpun sowie denjenigen, die in den vorangegangenen Everest-Expeditionen starben. Dazu gehörten Alexander Kellas (1921) und die sieben Sherpa-Träger, die in der Lawine von 1922 umkamen: Lhakpa, Narbu, Pasang, Pemba, Sange, Temba und Antarge. Fotografiert von J. B. Noel, 1924.

119. Brief von George Mallorys Witwe Ruth an Geoffrey Winthrop Young, einem Ratgeber in Sachen Bergsteigen und enger Freund Mallorys, nachdem sie die Nachricht vom Tod ihres Ehemannes erreicht hatte. Im Brief schreibt Ruth Mallory: »Ich weiß ganz genau, dass es ihm weder an Mut noch an Selbstaufopferung gemangelt haben kann. Ob er den Gipfel des Berges erreicht hat oder nicht, ob er lebt oder tot ist, spielt für meine Bewunderung für ihn keine Rolle … Oh Geoffrey, wäre es nur nicht passiert! Es hätte so leicht nicht sein können.«

Westbrook
3/5/19 Godalming

My dear Geoffrey

I am very grateful to you
for your long and thoughtful
letter. I think I do understand
it. You are quite right.
I know George did not mean
to be killed, he meant not
to be so hard that I did
not a bit think he would
be. I know this is not an
answer to what you said.
I don't think I do feel that
his death makes me the
least more proud of him.

It is his life that I loved &
love. I know so absolutely
that he could not have failed
in courage or self sacrifice.
Whether he got to the top of the
mountain or did not, whether he
lived or died makes no difference
to my admiration for him.
I think I have got the pain
separate. There is so much of it
and it will go on so long
that I must do that.
I am sending you the last letter
I have had from George. You
will find it very interesting.
There will I think certainly be
one more after this. I may

get it tomorrow. You shall
have the climbing part of it
in due course.
Oh Geoffrey. If only it hadn't
happened. It so easily might
not have.

Yours
Ruth Mallory

119

MALLORYS PERSÖNLICHE GEGENSTÄNDE

Aus den Sammlungen

Noel Odells Bericht von seinem letzten Blick auf Mallory und Irvine wurde von vielen in der Bergsteigergemeinde infrage gestellt; sie glaubten, dass es wahrscheinlicher war, dass er die beiden gesehen hatte, als sie die leichtere Erste Felsstufe erkletterten und nicht die Zweite. Aufgrund des öffentlichen Druckes stellte Odell seine Beobachtung infrage und räumte später ein, er könne nicht länger sicher sein, an welcher der Stufen er sie gesehen hatte. Doch einige Bergsteiger, darunter Edward Norton, hielten es für sehr gut möglich, dass Mallory und Irvine den Gipfel erreichten.

Seitdem ranken sich zahlreiche Theorien und Spekulationen um das Geheimnis ihres Verschwindens. Erst in den 1930er-Jahren wurden erste Spuren gefunden. Percy Wyn-Harris, ein Teilnehmer an der Mount-Everest-Expedition 1933 von Hugh Ruttledge, fand einen Eispickel, der vermutlich Mallory oder Irvine gehörte. Er lag auf einer Felsplatte kurz unterhalb der Ersten Felsstufe, also beträchtlich tiefer als dort, wo Odell sie das letzte Mal gesehen haben will.

1975 berichtete der chinesische Bergsteiger Wang Hong-Bao, er hätte die Leiche eines abgestürzten Bergsteigers auf etwa 8230 Metern gesehen, nahe dem Lager VI. Auf einer chinesisch-japanischen Expedition vier Jahre später erzählte Wang dies dem japanischen Bergsteiger Hasegawa Ryoten Yashimoro. Tragischerweise starb Wang am nächsten Tag und die genauen Angaben über den Standort waren verloren. Mallorys Leiche wurde schließlich am 1. Mai 1999 auf 8169 Metern Höhe entdeckt, 75 Jahre nach seinem Verschwinden. Es war das Gebiet, das Wang beschrieben hatte. Irvines Leiche wurde nie gefunden. Die Mallory-and-Irvine-Research-Expedition unter Leitung von Eric Simonsen und gesponsert von der American Foundation for International Mountaineering, Exploration and Research (AFFIMER) hatte gehofft, auch eine Kodak-Vest-Pocket-Kamera zu finden, die – falls sie erhalten und intakt gewesen wäre – fotografische Hinweise hätte enthalten können, ob sie tatsächlich den Gipfel des Everest erreicht hatten.

120

122

121

120. Eine Schutzbrille, die in George Mallorys Tasche gefunden wurde.

121. Mallorys genagelter Stiefel.

122. Mallorys Armbanduhr.

123. Mallorys Taschentuch mit dem Monogramm »GLM« (George Leigh Mallory).

124. Mallorys Höhenmesser.

125. Fragment eines Kletterseiles.

124

123

125

8

FILM & FOTOGRAFIE

Die Aufgabe, die Mount-Everest-Expedition 1924 zu fotografieren, übernahmen vornehmlich John Noel und Bentley Beetham, Erster, weil es so geplant war, Letzterer per Zufall. Beetham war ein Freund von Howard Somervell, einem Teilnehmer der Mount-Everest-Expedition 1922. Beide waren exzellente Bergsteiger, die zusammen viele klassische Routen im Lake District bestiegen hatten.

Unglücklicherweise erkrankte Beetham an der Ruhr, als die Expedition 1924 durch Sikkim zog, und als er sich erholt hatte, erlitt er einen schweren Ischiasanfall. Damit fiel er als Bergsteiger für die Expedition aus, doch Beetham war entschlossen, als Fotograf seinen Beitrag zur Expedition zu leisten.

John Noel hatte die Expedition von 1922 gefilmt und plante, auch die Expedition 1924 zu filmen. Daher erwarb er vom Mount Everest Committee (MEC) die Bildrechte. Das MEC war von den Ergebnissen seiner Arbeit auf der Expedition von 1922 angetan und somit erfreut, dass Noel auch den geplanten Gipfelsturm 1924 filmen wollte. Für Noel stand das Erzählen einer Geschichte im Vordergrund, was die Expedition sowohl bewerben als auch finanzieren würde, so wie es Frank Hurley einige Jahre zuvor mit seinem Film über Ernest Shackletons Endurance-Expedition (1914 bis 1917) gemacht hatte.

Beetham und Noel machten 1924 spektakuläre Aufnahmen vom Aufstieg. Aber Noels Unternehmergeist führte zu einigen unerwarteten Spannungen sowohl in der Expedition als auch im MEC.

John Noel war ein echter Innovator in der Fotografie und im Film. Er verbesserte seine Ausrüstung und lernte von Leuten wie Herbert Ponting, dem Fotografen von Robert Falcon Scott auf dessen Terra-Nova-Expedition (1910 bis 1913). Seine Abenteuerlust und sein Gespür für anschauliche und dramatische Bilder zeigen sich in der Aufnahme von Noel, der in einem Geröllhang mit dem Teleobjektiv filmt (Bild 131, S. 161). Seine Bilder gleichen Frank Hurleys atemberaubender Fotodokumentation der Endurance-Expedition von Shackleton. Die Qualität von Noels Fotos und Filmen helfen zu verstehen, warum die Expedition beim westlichen Publikum ein solch positives Echo fand.

»Man muss [John Noel] wärmsten zum Ergebnis seiner außerordentlichen Ausdauer und Fähigkeit beglückwünschen … Es braucht einen sehr guten Mann, um die vielen Einzelheiten zu beachten, die von einem Kameramann verlangt werden, der mit einem riesigen Teleobjektiv vier Tage und Nächte lang in einem Lager in 7000 Metern Höhe arbeitet und der dabei zusätzlich die Verantwortung hat, die Unterstützung für die aufsteigende Seilschaft vor ihm zu leiten.«

– »The Mount Everest Kinematograph Film«, *The Geographical Journal*, 1923

126. Der Gipfel des Mount Everest. Fotografiert und später handkoloriert von John Noel. Nach dem Ende der Expedition handkolorierte Noel seine Lichtbilder, um seinem Publikum die »am Dach der Welt« beobachteten Farben zu zeigen.

NOEL UND SEINE »FANTASTISCHE ART, DINGE ZU TUN«

Essay von Dr. Jan Faull

Die Umstände, unter denen die Filme über den Verlauf der Mount-Everest-Expeditionen von 1922 und 1924 in Auftrag gegeben wurden, waren einzigartig. Arthur Hinks, der Sekretär des Mount Everest Committee (MEC), hegte eine tiefe Abneigung gegen alle kommerziellen Medien und nahm mit der Presse nur deshalb Verhandlungen auf, da er für die Expeditionen Geld besorgen musste. Er misstraute speziell der Filmindustrie, was 1922 zur Berufung von John Baptist Lucius Noel als offiziellem Kameramann führte. Ungeachtet der Empfehlungen von John Buchan wurden alle Angebote von führenden britischen Produktionsfirmen zugunsten von Noel verworfen, der Mitglied der Royal Geographical Society und Captain des East Yorkshire Regiment war und in Indien gedient hatte. Hinks wusste von Noels Ambitionen, durch Tibet zum Everest zu reisen, und von seinem Interesse an der Fotografie. Er hoffte, dass Noel sich nach seiner Ernennung einem Verhaltenskodex fügen würde, der bei der Vergabe an eine unabhängige Filmproduktion möglicherweise schwieriger einzufordern gewesen wäre.

Das MEC hatte keinerlei Erfahrung in der Vergabe von Filmaufträgen und dem Vertrieb des Endresultates. Es setzte daher auf den traditionellen Weg der Vortragsreihe, in der Mitglieder der Bergsteigergruppe ihre Erlebnisse schilderten. Eine gesonderte Filmaufführung sollte nur eine zweitrangige Rolle spielen. Niemand konnte den Erfolg der Expedition voraussehen – sie wurde vor allem als wissenschaftliches Unternehmen betrachtet –, geschweige denn die Ergebnisse der Aufnahmen in einer solch extremen Höhe. Im Vorfeld wurden keine konkreten Pläne für unabhängige Vorführungen ausgearbeitet, was Noel als sehr enttäuschend empfand. Letztendlich waren Noel und Hinks gezwungen, die Vorführung des Filmes *Climbing Mount Everest* zu organisieren, eine zusätzliche Belastung, die Hinks als sehr lästig empfand.

Die Expedition von 1922 war eine steile Lernkurve. Noel hatte [zuvor] die Arbeit Herbert Pontings verfolgt, der Captain Robert Scotts gescheiterten Versuch, den Südpol zu erreichen, gefilmt hatte. Er benutzte eine ähnliche Kameraausrüstung, eine Newman Sinclair 35 mm, die für das Filmen in großer Höhe geeignet war, entwickelte die leicht entzündbaren Zelluloidfilme in einem Fotozelt im Basislager und trocknete die Filme über Nacht über einem schwelenden Feuer aus Yak-Dung. Bei den Aufnahmen luden sich die Filme statisch auf, wodurch auf der Oberfläche der belichteten Filme Staub haften blieb – Probleme, die er nicht erwartet hatte. Da er Erfahrungen aus erster Hand hatte, welche Tücken das Filmen unter extremen Bedingungen mit sich bringt, konnte er seine Pläne [für die Expedition von 1924] überarbeiten.

Die Einnahmen waren ein wichtiger Faktor und Noel entschied sich für einen effizienten Geschäftsplan. Er finanzierte die Filmaufnahmen der Expedition von 1924, indem er von privaten Investoren 8000 £ zur Verfügung gestellt bekam, seine eigene Firma Explorers Films gründete und die Kontrolle über die Rechte und Auswertung allen Film- und Fotomaterials aushandelte. Daher konnte er den Expeditionsteilnehmern eine Liste davon vorlegen, was er erwartete. Obwohl Hinks weiterhin mit Noel über den Verlauf der Expedition korrespondierte, gab er die Kontrolle über die Dreharbeiten und die Auswertung der Ergebnisse auf. Die Befürchtungen, die Hinks dabei hatte, den Auftrag an eine kommerzielle Produktionsfirma zu vergeben, verfolgten ihn nun erneut. Noel wurde zu einem Unternehmer, der jede mögliche Gelegenheit ergriff, um Werbung zu machen und neue technologische Entwicklungen zu nutzen.

Die unorthodoxen Pläne Noels hatten unterschiedlichen Erfolg. Statt die Filme in Tibet zu entwickeln, ließ er sich in Darjeeling ein Filmlabor bauen, das Arthur Pereira, Ehrensekretär der Royal Photographic Society, leitete. Er hatte die Aufgabe, Kopien des gedrehten, ungeschnittenen Filmmaterials eines jeden Tages zu entwickeln, das von Läuferstaffeln über die knapp 200 Kilometer nach Darjeeling gebracht wurde. Pereira produzierte auch eine Reihe von Stummfilmnachrichten für Pathé News und hielt so das öffentliche Interesse am Verlauf der Expedition hoch.

Noel hatte die Versuche, Farbe im Film einzuführen, verfolgt, und die Vorführung des experimentellen Friese-Greene Natural Colour Process im Holborn Empire in London, kurz vor der Abfahrt nach Indien, bot eine Gelegenheit, an die Presse zu gehen. Daraufhin erschienen einige Artikel mit Überschriften wie »Welche Farben hat das Dach der Welt?«, die Erwartungen auf eine Farbfilmproduktion weckten. Tatsächlich war das Einfärben von Bildfolgen im Film mit blaugrüner und roter Tinte und seine Projektion in doppelter Geschwindigkeit nur eine experimentelle Etappe und Noels ziemlich impulsives Aufgreifen dieser Technologie verfrüht. Die traditionelleren Methoden, Abschnitte des endgültigen Schnittes mit Farbtinte einzufärben, sorgten für mehr Atmosphäre und Interesse. Seine farbigen Glasdias für die Vortragsreihe schafften einen Ersatz.

127

127. Eine Werbung für das *The Geographical Journal* im Oktober 1924 mit dem Titel »Everest 1924 – die NS-Filmkamera wieder erfolgreich«, die ein Zitat von John Noel enthält, der die Kamera lobt, sowie ein Foto, auf dem Noel am Nordgipfel mit der Kamera und dem Teleobjektiv filmt.

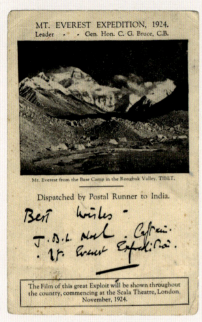

MT. EVEREST EXPEDITION, 1924.
Leader - - - Gen. Hon. C. G. Bruce, C.B.

Mt. Everest from the Base Camp in the Rongbuk Valley, TIBET.

Dispatched by Postal Runner to India.

Best wishes -
J. B. L. Noel Captain.
Mt Everest Expedition.

The Film of this great Exploit will be shown throughout
the country, commencing at the Scala Theatre, London,
November, 1924.

128

Ein anderer solcher »Plan« war der Versuch, die Reise der Expedition durch das tibetische Hochland mit einem Citroën-Kégresse-Traktor zu filmen. Er wurde, wenig überraschend, kurz nach dem Aufbruch zurückgelassen. Erfolgreicher war der Verkauf von Postkarten, die mit einer extra entworfenen Briefmarke vom Basislager verschickt wurden und denen eine Serie Zigarettenbilder folgte.

Auf den ersten Etappen wurde die Gruppe von Noels Frau Sybille und dem Maler Francis Helps begleitet. Sybille sammelte Volksmärchen, die später unter dem Titel *The Magic Bird of Chomo-Lung-Ma* erschienen. Helps erstellte eine Reihe von Porträts von Tibetern, denen er unterwegs begegnete, und entwarf die Briefmarke für die Everest-Postkarte.

Der Verlust von Mallory und Irvine bereitete der Idee eines triumphalen Filmes ein Ende. Noel musste sein Material umstellen und sich auf das Mysterium des Berges konzentrieren, »das ›gewisse Etwas‹, das den Betrachter die Unermesslichkeit dieses Kampfes des Menschen gegen die Natur fühlen lassen würde ... Angesichts der Erhabenheit des Everest wäre es ein Sakrileg, sich in Trivialitäten zu ergehen«.

Vor seiner Rückkehr aus Indien organisierte Noel ein großartiges theatralisches Spektakel im New Scala Theatre in London: *The Epic of Everest*. Es wurde als »Ein traumhafter Film des Abenteuers am Dach der Welt« angekündigt. Die Kulisse zur Dekoration des Theaters entwarf Joseph Harker, tibetische Mönche erschienen auf der Bühne, ein Quartett unter Leitung von Eugene Goossens lieferte die musikalische Begleitung und Noel selbst kommentierte in den Pausen. Die Mönche wurden, wo immer sie auftraten, zu Berühmtheiten – was nicht zu ihrem Vorteil war, wie der diplomatische Streit um »Die Affäre der tanzenden Lamas« später zeigen sollte (s. S. 174). Noel hatte seinen impulsiven unternehmerischen Aktivitäten freien Lauf gelassen. Obwohl viele meinten, für diese Werbemaßnahmen wäre Noel nicht zuständig gewesen, lässt sich sein innovativer Einsatz der Filmtechnik nicht leugnen. Sequenzen, für die ein 51-Zentimeter-Cooke-Teleobjektiv verwendet wurde; Szenen, die aus einer Entfernung von mehr als drei Kilometern gefilmt wurden – all das ergab einen Film, der von der Filmkritik hoch gelobt wurde. Iris Barry schrieb:

... der Film hat auf prächtige Weise diese seltene Qualität der Kommunikation durch visuelle Wahrnehmung, die eine der besonderen Stärken des Kinos ist. Er vermittelt ein Erlebnis, das so gut wie niemand von uns jemals tatsächlich haben wird.

Als die ersten Aufführungen im Theater vorüber waren, wurde er in einer Reihe von Vorführungen in der Provinz gezeigt und später dann in Europa. Noel ging den negativen Auswirkungen der diplomatischen Probleme, die sein Film auslöste, aus dem Weg und suchte nach neuen Möglichkeiten, die Inhalte wiederzuverwenden. Er brach zu einer Vortragsreihe durch Amerika auf, die ihn zu einem reisenden Vortragenden und Schausteller machte. Hinks erteilte ihm die Erlaubnis, Material aus seinen beiden Everest-Filmen zu kombinieren, um damit Inhalte für seine Vorträge zu erstellen. Von einer Expedition 1929 nach Kaschmir, die die Harvard University finanzierte, brachte der Fotoplattenkolorist Alfred Raetz neue Film- und Fotoaufnahmen mit, die in das Everest-Material eingearbeitet wurden. 1931 erschien der Tonfilm *The Tragedy of Everest* mit der Erzählerstimme des amerikanischen Schauspielers David Ross', von dem es keine physische Kopie mehr gibt. In den Schriftstücken Noels fand sich lediglich ein Filmplakat in kräftigen Farben.

Sein ganzes langes Leben lang hielt Noel weiterhin Vorträge über den Aufstieg von 1924 und nutzte mit großem Erfolg sein Material. Arthur Hinks fühlte sich machtlos, dagegen einzuschreiten, als er zu Noels Aktivitäten befragt wurde. Er bezeichnete sie lediglich als »Noels fantastische Art, Dinge zu tun«. Als 1933 die Genehmigung für eine neue Expedition erteilt wurde, verkündete das MEC, es würde kein offizieller Kameramann ernannt. Doch die neue, leichtere 16-mm-Ausrüstung ermöglichte es den einzelnen Bergsteigern, ihre eigenen Rekorde zu filmen. Noel sondierte weiterhin die Erneuerungen in der Filmtechnologie und wünschte sich, dass seine kolorierten Standbilder in den Film eingearbeitet würden, damit er »eines nationalen Rekordes würdig« sei.

129

128. Eine Postkarte, die John Noel vom Basislager aus verschickt hat und womit erfür die Vorführung des Filmes *The Epic of Everest* im Scala-Theater im November 1924 wirbt. Die Rückseite der Postkarte trägt den Stempel »Rongbuk Glacier Base Camp, Mt. Everest Expedition, 1924« (Rongpu-Gletscher Basislager, Mt.-Everest-Expedition, 1924).

129. Ein Plakat für *The Epic of Everest*, John Noels Film von der Mount-Everest-Expedition 1924. Nach dem Tod von George Mallory und Andrew Irvine und der gescheiterten Besteigung war Noel gezwungen, seine ursprünglichen Pläne zur Gestaltung des Dokumentarfilmes zu überarbeiten.

130

130. John Noel fotografierte und filmte die Mount-Everest-Expeditionen von 1922 und von 1924. Hier filmt er die Everest-Besteigung 1922 vom Chang La aus. Einer seiner Sherpa-Träger hält das Stativ. Das Foto wurde ursprünglich Noel zugeschrieben, wurde aber wohl von einem Sherpa-Träger aufgenommen.

131. Noels Träger hatten entscheidenden Anteil am Filmen im Hochgebirge. Sie assistierten Noel und trugen die Kameras sowie die restliche schwere Fotoausrüstung das schwierige und gefährliche Berggelände hinauf. Fotografiert von J. B. Noel während der Mount-Everest-Expedition 1924.

131

132. Ein Foto von Lager IV, dem Nordsattellager, der Mount-Everest-Expedition 1924. John Noel schrieb sich die Farben aller Standbilder auf, die er in der Expedition aufnahm, damit er sie, sobald sie auf Glasfotoplatten kopiert worden waren, wirklichkeitsgetreu handkolorieren konnte.

133. Eine Werbebroschüre für John Noels Film *The Epic of Everest* (1924). Der Film wird als »Ein traumhafter Film des Abenteuers am Dach der Welt« angepriesen.

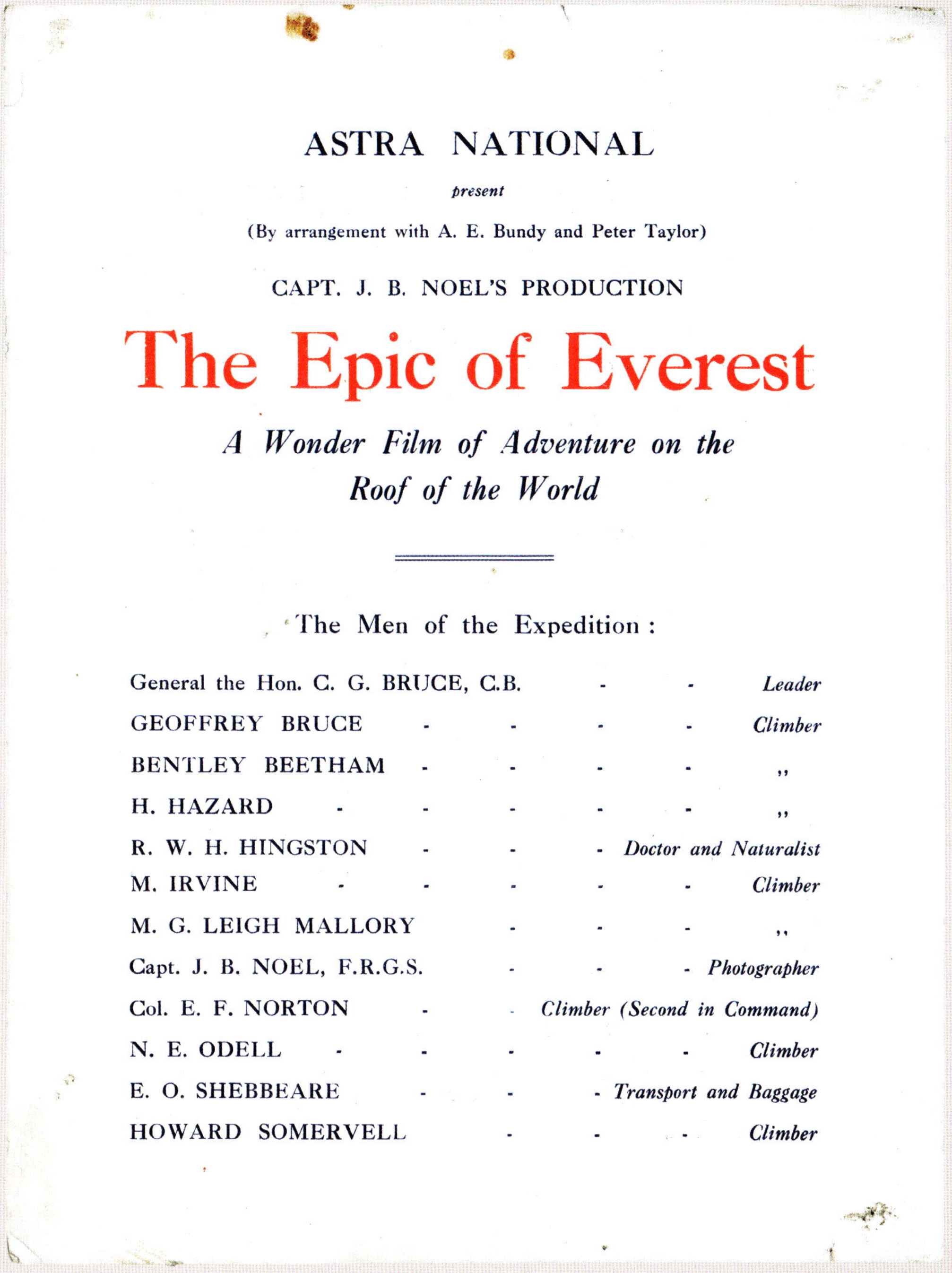

ASTRA NATIONAL

present

(By arrangement with A. E. Bundy and Peter Taylor)

CAPT. J. B. NOEL'S PRODUCTION

The Epic of Everest

A Wonder Film of Adventure on the Roof of the World

The Men of the Expedition :

General the Hon. C. G. BRUCE, C.B.	*Leader*
GEOFFREY BRUCE	*Climber*
BENTLEY BEETHAM	,,
H. HAZARD	,,
R. W. H. HINGSTON	*Doctor and Naturalist*
M. IRVINE	*Climber*
M. G. LEIGH MALLORY	,,
Capt. J. B. NOEL, F.R.G.S.	*Photographer*
Col. E. F. NORTON	*Climber (Second in Command)*
N. E. ODELL	*Climber*
E. O. SHEBBEARE	*Transport and Baggage*
HOWARD SOMERVELL	*Climber*

134

134. Ein Standbild aus John Noels Film *The Epic of Everest* (1924). Die Szenen aus dem Film zeigen die schwer beladenen Träger zu Beginn der Expedition. Der Zwischentitel beschreibt die Träger der Expedition als »die kräftigsten Bergsteiger des Himalajas«.

135. Ein Standbild aus John Noels Film *The Epic of Everest* (1924). Es zeigt Sherpa-Träger, die mit einem Teleskop die vermissten Bergsteiger suchen.

135

136. Ein Filmplakat für John Noels *The Tragedy of Everest* (1931), das Filmmaterial der Mount-Everest-Expeditionen von 1922 und 1924 miteinander kombiniert.

137. Ein Werbezettel für einen der Vorträge John Noels: »Durch Tibet zum Everest«, im Winter Gardens von Eastbourne.

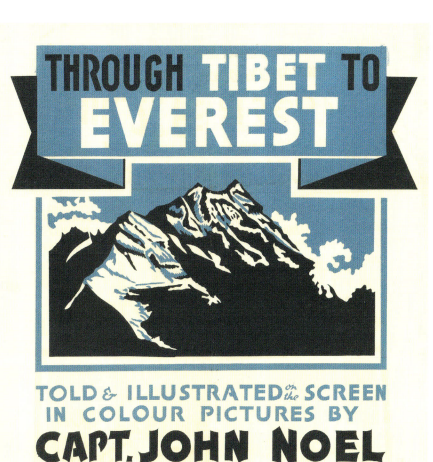

HANDKOLORIERTE FOTOPLATTEN UND DER FARBDISSOLVOGRAPH

Aus den Sammlungen

John Noels Sammlung handkolorierter Fotoglasplatten ist außergewöhnlich. Ihre Qualität gleicht dem Autochromverfahren, das in den 1920er-Jahren in Albert Kahns *Les archives de la planète* verwendet wurde. Die Kolorierung von Schwarz-Weiß-Bildern war für das Publikum, das die Expeditionsreise miterleben wollte, eine zusätzliche Attraktion. Noels Ziel war es, die Vielfalt der kräftigen Farben zu zeigen, die er auf dem Weg zum Mount Everest gesehen hatte – in der Flora und Fauna, in religiösen Zeremonien, in der tibetischen Kultur, in der Landschaft und in den Porträts der Bergsteiger. Er notierte alle Farben, die er während der Reise gesehen hatte, damit er später mithilfe von Farbtafeln und speziellen Wasserfarben für die Fotoglasplatten diese Farbtöne auf seine monochromen Bilder auftragen konnte. Über die so entstandenen Bilder sagte er: »Alles meine eigene Arbeit.«

Auf seiner ersten Vortragsreise in Nordamerika Mitte der 1920er-Jahre lernte Noel den berühmten amerikanischen Glasplattenkoloristen Alfred Raetz kennen und arbeitete in der Folgezeit mit ihm zusammen. Zweifellos profitierte er bei der Produktion von weiterem Vortragsmaterial von Raetz' Fachwissen. Noel entwickelte auch Verbesserungen für die Projektion der Farbdias. Die Rezensionen zu Noels Vorträgen loben immer wieder die Farben und die nahtlose Projektion, die durch den Einsatz des Farbdissolvographen erreicht wurde. Auch wenn die Glasdias heute in der Royal Geographical Society aufbewahrt werden, sind von den modifizierten Farbdissolvograph-Fotoglasplatten nur noch die beeindruckenden Kritiken übrig, die in der Berichterstattung der Presse und in Werbeanzeigen zu finden waren. So heißt es zum Beispiel in einer begeisterten Empfehlung des Detroit Institute of Arts: »Ich war erstaunt und erfreut über die wunderbaren Farbtöne und Kunst seiner Bilder. Unser Publikum war hellauf begeistert.« Noel hielt bis in die 1970er-Jahre hinein noch Vorträge in seiner Heimat, der Grafschaft Kent, und setzte dabei seine Dias mit großem Erfolg ein, was die dauerhafte Wertschätzung einer überholten Form zeigt.

138

138. Der Dzongpen von Kharta und seine Ehefrau. Das Bild wurde ursprünglich von Charles Howard-Bury auf der Mount-Everest-Reconnaissance-Expedition 1921 aufgenommen und 1924 von John Noel handkoloriert.

139. Das Shekar-Kloster, Mount-Everest-Expedition 1924. Fotografiert und handkoloriert von John Noel, 1924.

140. Das Rongpu-Kloster mit dem Mount Everest im Hintergrund. Fotografiert und handkoloriert von John Noel, 1924.

141. Das Lager des zweiten Tages im Arun-Tal, wo der Weg endete. Dieses Foto wurde von C. J. Morris auf der Expedition von 1922 aufgenommen und später von John Noel handkoloriert.

142. Ein Pfad durch ein bewaldetes Tal, aufgenommen auf der Mount-Everest-Expedition 1922. John Noel kolorierte das Dia per Hand akribisch mit den Farben der Vegetation und Blumen.

139

140

141

142

9

DAS
VERMÄCHTNIS

Die Mount-Everest-Expedition 1924 wirkte auf viele Arten nach. Die erste und unmittelbare Reaktion der Royal Geographical Society (RGS), des Alpine Club, des Mount Everest Committee (MEC) und der Öffentlichkeit in Großbritannien und der ganzen Welt war die Trauer darüber, dass George Mallory und Andrew Irvine beim Vorstoß zum Gipfel gestorben waren.

Das MEC erhielt von überall her Beileidstelegramme und -briefe, darunter auch ein Telegramm von König George V:

Der König ist äußerst erschüttert, die traurige Nachricht vom Tode von Herrn Mallory und von Herrn Irvine zu hören, die ihre Leben dabei verloren, einen letzten Versuch zu wagen, den Gipfel des Mount Everest zu erreichen.

Seine Majestät fragt Sie, ob Sie die Güte haben würden, den Familien dieser beiden tapferen Entdecker sowie dem Mount Everest Committee einen Ausdruck seines aufrichtigen Mitgefühles zu übermitteln.

Dieser Ausbruch von Trauer steht in starkem Kontrast zum Fehlen jeglicher Beileidsbekundung für die sieben Träger, die 1922 in einer Lawine umkamen, oder für die zwei, die 1924 auf tragische Weise starben.

Das dramatische Ende der Expedition und die öffentliche Trauer steigerte das Interesse an John Noels Film über die Expedition – *The Epic of Everest* (1924) –, der Neuland im Bereich des Dokumentarfilmes betrat. Doch die Theatervorstellung, die Noel als Prolog zum Film aufführen ließ, hatte ernsthafte Folgen für die anglo-tibetischen Beziehungen und die zukünftigen Mount-Everest-Expeditionen.

Die Expeditionsteilnehmer aus dem Westen zeigten, als sie zum Berg reisten, besonderes Interesse an den Musik- und Tanzaufführungen der Tibeter. Die Fotosammlungen dieser frühen Expeditionen enthalten eine Unmenge von Bildern davon, darunter auch George Mallorys Aufnahmen von einem feierlichen Tanz im Rongpu-Kloster (Bild 149, S. 179) und Charles John Morris' Foto des traditionellen Gewandes, das Volksmusiker trugen (Bild 150, S. 180).

»*[George Mallory und Andrew Irvine] werden als erlesene Beispiele von Bergsteigern in ewiger Erinnerung bleiben – bereit, ihre Leben für ihre Begleiter zu riskieren und sich im Dienste der Wissenschaft und Entdeckung Gefahren auszusetzen.*«

– König George V., Telegramm an das Mount Everest Committee, 1924

143. Tibetische Tänzer in traditionellen Gewändern. Fotografiert von J. B. Noel.

DIE VIELEN GESICHTER EINES BERGES

Essay von Dr. Peter H. Hansen

Nach der Rückkehr der Mount-Everest-Expedition 1924 wurden Mallory und Irvine in der St.-Pauls-Kathedrale betrauert, in der Albert Hall gefeiert und in ganz Großbritannien auf die Leinwände der Kinos projiziert. John Noels Film *The Epic of Everest* begann in London mit einem Prolog, in dem der Sherpa-Träger Lhakpa Tsering auftrat, der mit Mallory und Irvine im höchsten Lager war, und eine Gruppe von sieben buddhistischen Mönchen aus einem Kloster im tibetischen Gyantse Musik, Gesänge und Tänze aufführten. Die Kontroverse um diese »tanzenden Lamas« führte zum Abbruch der britisch-tibetischen Beziehungen und für beinahe ein Jahrzehnt zur Absage von Expeditionen zum Mount Everest. Die Expedition und der Film verdeutlichen auch die dauerhaften interkulturellen Folgen, die die Mount-Everest-Expedition 1924 von Großbritannien bis zum Himalaja hatte.

Noel zeigte mit den Mitteln des Filmes den Kampf wissbegieriger weißer Männer gegen einen mystischen Berg. Nach dem tragischen Tod von Mallory und Irvine fragte der Film, ob der Everest nicht nur ein Berg aus Fels, Eis und Schnee war, sondern lebte und vom Geist der Chomo-lung-ma (Muttergöttin der Welt) beschützt wurde: »Merkwürdig kommen die Worte des Rongpu-Lama in Erinnerung: ›Die Götter der Lamas werden euch Weißen das Objekt eurer Suche verweigern‹.« Der Film schloss mit Nahaufnahmen des Rongpu-Lama, gefolgt von Zeitrafferaufnahmen in der einbrechenden Dunkelheit von Wolken, einem Sonnenuntergang und dem Chomolungma vom Kloster aus.

Das Auftreten der »tanzenden Lamas« verlieh diesem Narrativ Leben und wurde in London zur Sensation. Große Teile der britischen Presse schlugen einen Ton der Überlegenheit an und verspotteten die Lamas, als sie in den Zoo, in Läden und in eine Punch-and-Judy-Show gingen. Sie missdeuteten auch ihre Reaktion auf London als Angst vor der Technologie und der »Magie des weißen Mannes«. Der Ober-Lama Gana Suta Chenpo erzählte *The Times*, er bedaure, dass in London so wenige Menschen reale Arbeit machten, da sie auf Maschinen angewiesen waren und von ihren Maschinen zerstört würden. Rinchen Lhamo, eine Tibeterin, die in London lebte, verstand diese Kritik als die Anmerkung eines scharfen Beobachters und fragte sich, ob die Journalisten das nicht verstanden, weil sie auf das orientalistische Stereotyp des primitiven Tibeters fixiert waren.

Die Oberhäupter von Tibet, Sikkim und Bhutan fühlten sich auf unterschiedliche Weise angegriffen – durch Szenen im Film, die nicht genehmigten Abstecher der Expedition in Tibet und Zeitungsfotos der »tanzenden Lamas«. Tatsächlich hatten Offizielle aus Sikkim und Bhutan den Film zuvor in Darjeeling gesehen und Einwände gegen Szenen erhoben, die später herausgeschnitten wurden. Die Bergsteiger waren auch in Gebiete gereist, die ihre Besteigungsgenehmigung nicht umfasste. Während die tibetischen Behörden den Bergsteigern die Übertretungen in Tibet verziehen, betrachteten

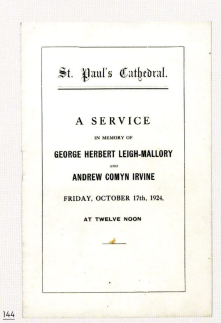

sie es als »sehr unziemlich«, die Mönche nach London zu bringen: »Zukünftig können wir ihnen keine Erlaubnis geben, nach Tibet zu gehen.« Der Dalai Lama sah die Bilder der »tanzenden Lamas« in den Zeitungen und betrachtete die Affäre als einen Affront gegen den tibetischen Buddhismus.

Die »tanzenden Lamas« spielten auch eine wesentliche Rolle in der Untergrabung des Ansehens des Militärs in Tibet. 1921 hatte Tibet im Austausch gegen britische Waffen die erste Everest-Expedition erlaubt. Die Kontroverse um die tanzenden Lamas war eines von mehreren Ereignissen in den Jahren 1924 bis 1925, die das Machtgleichgewicht in Tibet von den Militärs zugunsten der Klöster verschob. Als die Grenzkonflikte in den 1930er-Jahren eskalierten, wandte sich Tibet wegen Waffen wieder an die Briten und begann erneut, Genehmigungen zur Besteigung des Everest zu erteilen – als Willkommensgeschenk an die britischen Abgesandten, die nach Lhasa kamen. Das tibetische Militär gewann in den 1920er-Jahren nie wieder die Unterstützung der tibetischen Eliten zurück und war zu schwach, um die in den 1950er-Jahren einfallenden Streitkräfte aufzuhalten.

Anderenorts im Himalaja inspirierten die zurückkehrenden Träger der Mount-Everest-Expedition 1924 andere, in ihre Fußstapfen zu treten. Ang Tharkay und Tenzing Norgay wurden am Everest Träger, nachdem sie von der Expedition von 1924 gehört hatten, und spielten tragende Rollen am Annapurna und Everest. Einer von Ang Tharkays Freunden kehrte vom Everest nach Khunde in Nepal zurück und stolzierte mit seiner

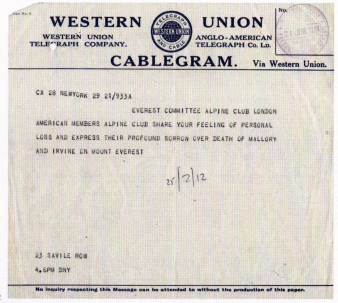

144. Deckblatt der gedruckten Gottesdienstordnung zum Gedenken an George Mallory und Andrew Irvine am 17. Oktober 1924 in der St. Paul's Cathedral in London.

145. Ein Telegramm des American Alpine Club mit einer Beileidsbekundung zum Tod von George Mallory und Andrew Irvine. Die Welle des Mitgefühles und der Trauer war gewaltig, als sich die Nachricht von ihrem tragischen Tod in der Welt verbreitete. Der tragische Tod von zwei Trägern derselben Expedition wurde kaum erwähnt.

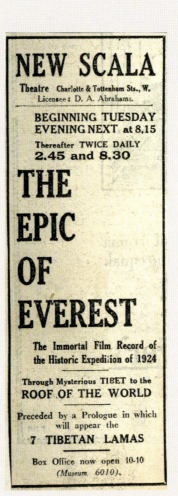

146

Bergsteigerausrüstung herum, als hätte er etwas Ehrfurchtgebietendes erreicht. Tharkay meinte: »Da ich jünger war als er, ging meine Fantasie mit mir durch, als ich die aufsehenerregenden Beschreibungen seiner Abenteuer hörte. Ich war so beeindruckt, dass ich sofort das unkontrollierbare Verlangen spürte, seinem Beispiel zu folgen und zu versuchen, selbst mit einer Expedition mitzugehen.« Tenzing Norgay entwickelte dieselben Ambitionen, nachdem er Geschichten über große Stiefel, fremdartige Kleidung und den Everest gehört hatte. »Was ist der Everest?«, fragte Tenzing. »Dasselbe wie der Chomolungma«, antworteten die Sherpas, die auf der anderen Seite, in Tibet, geklettert waren.

Die in den 1920er-Jahren gestarteten gemeinsamen Expeditionen zum Everest wurden 1953 von der ersten Besteigung durch Tenzing Norgay und Edmund Hillary gekrönt. Nachdem sie auf dem Gipfel standen, suchten Tenzing und Hillary nach Spuren von Mallory und Irvine, fanden jedoch keine. Tenzing erinnerte sich, die Namen Mallory und Irvine in den 1920er-Jahren gehört und niemals vergessen zu haben. Sie stiegen in das Lager IV ab, in dem das Filmteam von 1953 die freudige Wiedervereinigung und das gefeierte Teamwork von Sherpas und Sahibs aufnahm. Hillary sagte zu Wilfred Noyce, einem der anderen Bergsteiger: »Wäre Mallory nicht zufrieden, wenn er davon wüsste?«

Das Schicksal Mallorys und Irvines zog Bergsteiger aus aller Welt in seinen Bann. Chinesischen Bergsteigern gelang 1960 die erste Besteigung des Chomolungma vom Norden her. Als sie 1975 auf dieser Route erneut aufstiegen, berichtete ein chinesischer Bergsteiger, er hätte die Leiche des »englischen Toten« gesehen. Als der italienische Bergsteiger Reinhold Messner 1980 den Everest ohne Flaschensauerstoff alleine bestieg, bekam er Visionen und hörte die Stimmen und spürte die Geister von Mallory und Irvine. Selbst nach der Entdeckung von Mallorys Leiche 1999 wurde weiter über seines und Irvines Schicksal spekuliert und es gab Suchtrupps, die durch filmische Nachstellungen und kommerzielle Dokumentationen finanziert wurden. Allzu oft erinnert man sich an die Expedition von 1924 als »echtes« Abenteuer, bevor der Everest überlaufen und kommerzialisiert wurde. Die Nostalgie nach verlorenen kolonialen Privilegien ist eines der Vermächtnisse der Expedition. Doch die Nostalgie sollte den zutiefst kommerziellen Charakter der Mount-Everest-Expedition 1924 nicht verschleiern, die durch John Noels Filmfirma finanziert wurde und für die mit orientalistischen Vorstellungen von weißen Männern, die den Aberglauben in Tibet überwinden, Werbung gemacht wurde. Die Reaktionen auf die Kombination von Bergsteigen und Kommerz waren damals so stark wie heute, ein Jahrhundert später. Die weltlichen Verbindungen, die 1924 auf dem Everest in Gang gesetzt wurden, sind noch immer unter uns am Werk.

146. Eine Werbeanzeige für die Aufführungen des Filmes *The Epic of Everest* im Theater New Scala in einer Zeitung. Die Anzeige warb mit dem »Prolog, in dem die sieben tibetischen Lamas auftreten«. Daily Express, 6. Dezember 1924.

147. »Die Lamas im Zoo«, ein Artikel in *The Children's Newspaper*, der über den Zoobesuch der »tibetischen Lamas« in London berichtete, »wo sie besonders das schöne Baktrische Kamel bewunderten, einen anderen Besucher aus Asien«.

The Lamas at the Zoo

The lamas from Tibet who have been visiting London have been to see the llamas at the Zoo. They were greatly interested in all they saw at Regent's Park, where they particularly admired the fine Bactrian camel, another visitor from Asia

147

148

148. Tibetische Musiker. Der Tanz und die Musik in Tibet faszinierte die Teilnehmer der Everest-Expedition, insbesondere Howard Somervell, der sich für tibetische Volksmusik interessierte und Lieder in den westlichen Notensatz übertrug. Fotografiert von B. Beetham während der Mount-Everest-Expedition 1924.

149. Tänzer, Rongpu-Kloster. Fotografiert von G. L. Mallory während der Mount-Everest-Expedition 1922.

149

150. Tibeter mit einer Tanzmaske.
Fotografiert von C. J. Morris während der
Mount-Everest-Expedition 1922.

151. Eine tibetische Tänzerin. Fotografiert von
G. L. Mallory während der Mount-Everest-
Reconnaissance-Expedition 1921.

151

152. Eine Seite aus dem Everest-Album von 1936. Es enthält Fotos der Expeditionsteilnehmer, darunter viele Sherpas und andere Träger mit den kurz zuvor ausgegebenen Erkennungsmarken. Die öffentliche Aufmerksamkeit nach der Expedition von 1924 und der Film darüber regten viele andere Träger an, an darauffolgenden Everest-Expeditionen teilzunehmen, so auch den jungen Tenzing Norgay (vierte Reihe, vierter von links), der 1935 im Alter von 20 Jahren zum ersten Mal an einer Expedition beteiligt war.

153. Das ikonische Bild von Tenzing Norgay, der seinen Eispickel mit den Flaggen der Vereinten Nationen, Großbritanniens, Nepals und Indiens in die Höhe hält, nachdem er am 29. Mai 1953 mit Edmund Hillary den Gipfel des Mount Everest erreicht hatte.

153

BENTLEY BEETHAM

Aus den Sammlungen

Als 13-Jähriger ging Bentley Beetham in das Internat der North Eastern County School, die heutige Barnard Castle School in der Grafschaft Durham in England. Dort entfachte seine Leidenschaft für die Natur und Fotografie. Beethams besonderes Interesse galt der Ornithologie. Er wurde einer der führenden Vogelfotografen seiner Tage. Er veröffentlichte mehrere Bücher und Artikel über Ornithologie sowie die Erhaltung und den Schutz von Vögeln und ihren Lebensräumen, wie etwa *Among Our Banished Birds* (1927) und *On the position assumed by birds in flight* (Über die Stellung, die Vögel im Flug einnehmen), ein Artikel, der in einem Band von *British Birds* (1911) erschien. 1914 wurde Beetham Naturkundelehrer an seiner ehemaligen Schule und gab bis zu seiner Pensionierung 1949 seine Leidenschaft für die Natur an seine Schüler weiter.

Beethams Interesse an der Vogelfotografie brachte ihn zum Bergsteigen. Er wanderte regelmäßig im Lake District, wo er Howard Somervell kennenlernte. Ihre Freundschaft führte zu seiner Einladung zur Mount-Everest-Expedition 1924. 1919 trat er dem Lake District's Fell and Rock Climbing Club bei und in den frühen 1920er-Jahren bestieg er viele Alpengipfel. Zu seinem Leidwesen erlitt Beetham während der Expedition einen schweren Ischiasanfall und konnte nur bis zum Lager III aufsteigen. Doch sein Pech erlaubte ihm, viel Zeit mit der Kamera zu verbringen und die Berglandschaft und das Lagerleben zu fotografieren.

Beethams Vermächtnis ist sein Beitrag zur fotografischen Dokumentation der Mount-Everest-Expedition 1924. Ihm gelangen im frühen 20. Jahrhundert bedeutsame Einblicke in das Leben des tibetischen Volkes und seiner Kultur sowie dramatische Aufnahmen der Berglandschaften des Himalajas. In der Fotosammlung der RGS über die Mount-Everest-Expedition 1924 befinden sich etwa 1000 der überwältigenden Fotografien Bentley Beethams.

154

155

»Er war ein guter Bergsteiger, ein guter Freund, ein selbstloser Begleiter und ein mutiger dazu.«

– T. H. Somervell, im Nachruf »B. Bentley Beetham«, *Himalayan Journal*, Vol. 24, 1963

156

158

157

154. Dieses Bild nahm Bentley Beetham vermutlich im Chumbi-Tal auf. In der Bildmitte ist ein Expeditionsteilnehmer mit Skizzenblock zu sehen, vermutlich Edward Norton oder Howard Somervell.

155. Tibetkönigshuhn. Beetham nahm viele Fotos von Vögeln und anderen Tieren auf, denen er auf dem Weg zum Everest begegnete.

156. Eine Straßenszene in Tibet. Im Hintergrund steht Edward Norton.

157. Tibeter. Beethams Fotos von der Expedition stellen eine unschätzbare Quelle für das Leben in Tibet in den 1920er-Jahren dar.

158. Beetham kam aufgrund seines Ischiasanfalles nur bis zum Lager III. Dieses Bild zeigt Lager III mit dem Everest, der sich über der Flanke des Changtse erhebt.

NACHWORT
von Saray N. Khumalo

Meine Everest-Reise und der Ursprung der Initiative »Summits with a Purpose«

Der Aufbruch zu meiner Mount-Everest-Reise war mehr als eine persönliche Herausforderung: Er wurde zu einem Zeugnis dafür, dass das Bergsteigen einen potenziellen Nutzen als Kraft für das Gute hat. Meine Odyssee in die Welt des Hochgebirgskletterns fing am Kilimandscharo in Tansania an, ein Abenteuer, das auf meiner Wunschliste stand. Diese Reise 2012 öffnete mir die Augen für die transformative Kraft der Gipfel und war der Ursprung des »Summits with a Purpose« (Gipfel und ihre Bestimmung). Als Teil einer Gruppe von fünf Abenteurern eroberte ich nicht nur den Kilimandscharo, sondern nutzte das Bergsteigen auch als Gelegenheit zu einer Spendenaktion für ein Waisenhaus in Johannesburg. Das legte den Grundstein für eine lebenslange Verpflichtung, meine Leidenschaft für Klettern und Abenteuer mit einem größeren Ziel zu verbinden.

Der erste Besteigungsversuch des Everest durch ein offizielles südafrikanisches Team fand 1996 statt, 43 Jahre nachdem Sir Edmund Hillary und Tenzing Norgay 1953 das erste Mal den Gipfel erreicht hatten und 72 Jahre nach der Expedition von 1924. Eine Tragödie warf jedoch ihren Schatten auf die Expedition, als der britische Fotograf Bruce Herrod während des Abstieges vom Berg verschwand. Dieses traurige Ereignis rief uns die unberechenbare und erbarmungslose Natur des Everest ins Gedächtnis, überschattete den Gipfeltriumph und ließ die Besteigung manchem als egoistisch erscheinen. Diese historische Expedition war ein bedeutender Meilenstein für die Geschichte der afrikanischen Bergsteiger, nicht nur für Südafrika, sondern für den ganzen Kontinent.

Meine persönliche Reise zum Everest wurde deshalb von den Erzählungen der Afrikaner beeinflusst, die vor mir dort waren, wie etwa der südafrikanische Bergsteiger Sibusiso Vilane, der 2003 der erste schwarze Mann auf dem Gipfel des Everest war. Vilanes Erfolge beschränkten sich nicht auf eine Everest-Besteigung. Er bestieg ihn sowohl von der Nord- als auch von der Südseite und 2018 ohne Sauerstoff. Seine Leistungen bereiteten zusammen mit denen weiterer afrikanischer Pioniere wie Cathy O'Dowd den Weg für eine neue Bergsteigergeneration.

Ich versuchte dreimal, den Everest zu besteigen – 2014, 2015 und 2017 –, bevor ich schließlich im Mai 2019 den Gipfel erreichte. Die erste meiner vier Everest-Reisen 2014 wollte die Geschichte des afrikanischen Bergsteigens neu schreiben und die nächste Generation von Kletterern des Kontinentes inspirieren. Die von Sibusiso Vilane angeführte Pionierarbeit wollte Stereotypen infrage stellen und die Stärke und Entschlossenheit afrikanischer Bergsteiger demonstrieren. Zudem wollte sie zeigen, wie der Geist des *ubuntu* (ich bin, weil du bist) die Höhe transzendieren kann, insbesondere nach der Kontroverse um die afrikanische Everest-Expedition von 1996.

Drei Schlüsselfaktoren beeinflussten meine Entscheidung, als ich intensiv nach einer Logistikfirma für meinen Gipfelversuch forschte. Es sollte eine Firma sein, die

· umweltfreundliche Methoden unterstützte,
· von Einheimischen geführt wurde und in ihrem Besitz war, um sicherzustellen, dass meine Bezahlung vollständig in die lokale Gemeinschaft floss,
· eine gute Leistungsbilanz aufwies und doch kostengünstig war.

Obwohl ich meine Recherche vor dem ersten Besteigungsversuch 2014 durchführte, hatte ich romantische Vorstellungen von den Everest-Expeditionen und davon, was ich am Berg zu erwarten hatte. Während dieses ersten Versuches war ich mit einer Welt konfrontiert, die davon ausging, dass eine afrikanische Frau das Basislager des Everest anstreben sollte und nicht mehr; eine Welt, die sich fragte, ob ich Mutter sei, aber es nicht für notwendig erachtete, den Vätern auf der Expedition dieselbe Frage zu stellen. Ich begegnete in den vier bis fünf Wochen, die ich in dieser Saison im Himalaja verbrachte, auch nur drei Leuten mit dunkler Hautfarbe auf dem Berg und nur einer Handvoll Frauen, die weiter als bis zum Basislager gingen. Die letzte Offenbarung war, dass die Sherpas auch in der Lage waren, sich aufzulehnen und für ihre Arbeit, die sie am Berg machten, eine faire Vergütung zu fordern.

In den zehn Jahren seit meinem ersten Versuch von 2014, den Everest zu besteigen, hat sich die Welt des Bergsteigens im Hochgebirge stark verändert. Dieser Wandel an den Hängen des Everest und in der Gemeinschaft der Bergsteiger veranschaulicht eine Entschlossenheit, ein gemeinsames Ziel und eine Verpflichtung zu Diversität und Inklusion. Der demografische Wandel sollte in der Bergsteigerwelt als ein Symbol der Hoffnung gesehen werden. Er impliziert eine allgemeine Anerkennung dessen, dass die Berge allen gehören, ungeachtet des Geschlechtes oder der Herkunft. Er bedeutet einen weiteren Schritt Richtung Auflösung von Stereotypen und sorgt für eine gerechtere Repräsentation auf dem höchsten Teil der Oberfläche der Erde.

Eine vielfältigere Schar von Bergsteigern auf dem Everest ebnet den Weg für eine Bergsteigerwelt, die nicht nur divers, sondern auch wirklich inklusiv ist. Die Berge, die einst als exklusive Domäne galten, werden zu Räumen, in denen eine globale Gemeinschaft zusammenkommen kann, jeder Schritt wird ein Schritt in Richtung einer Zukunft, in der die Liebe zu den Gipfeln von allen geteilt wird. In diesem Wandel geht es nicht nur um die Eroberung der Berggipfel, es geht auch darum, den Geist der Einheit, die Widerstandskraft und das gemeinsame menschliche Bestreben zu stärken, neue Höhen zu erreichen und Grenzen zu überschreiten – sowohl im wörtlichen als auch im metaphorischen Sinn.

AUSGEWÄHLTE BIBLIOGRAFIE

Barry, I. »The Cinema: The Epic of Everest at the Scala«, *Spectator*, 20 December 1924

Bruce, C. G. »Darjeeling to the Rongbuk Glacier Base Camp«, *The Geographical Journal*, vol. 60, no. 6, 1922

Bruce, C. G. *The Assault on Mount Everest, 1922*, New York: Longmans, Green & Co., 1923

Bruce, C. G. *The Fight for Everest: 1924*, London: Edward Arnold & Co., 1925

Bruce, G. »The Journey Through Tibet and the Establishment of the High Camps«, *The Geographical Journal*, vol. 64, no. 6, 1924

Burrard, S. G. »Mount Everest: The Story of a Long Controversy«, *Nature*, vol. 71, 1904

Burrard, S. G. »The Name of Mount Everest«, *Nature*, vol. 127, 1931

Cameron, I. *To the Farthest Ends of the Earth: 150 Years of World Exploration*, London: Macdonald, 1980

Carr, H. *The Irvine Diaries*, Reading: Gastons-West Col Publications, 1979

Davis, W. *Into the Silence: The Great War, Mallory and the Conquest of Everest*, London: Bodley Head, 2011

Driver, F and Jones, L. *Hidden Histories of Exploration*, Royal Holloway/RGS-IBG, 2009

Du Halde, J-B. *Description geographique historique, chronologique, politique, et physique de l'Empire de la Chine*, The Hague, 1736

Faull, J. *Climbing Mount Everest: Expeditionary Film, Geographical Science* *and Media Culture, 1922 – 1953*, PhD thesis, Royal Holloway, University of London, 2019

Finch, G. I. »The Second High Climb«, *The Geographical Journal*, vol. 60, no. 6, 1922

Fleetwood, L. *Science on the Roof of the World: Empire and the Remaking of the Himalaya*, Cambridge: Cambridge University Press, 2022

Freshfield, D. »Exploration in the Mustagh Mountains: Discussion«, *The Geographical Journal*, vol. 2, no. 4, 1893

Gillman, P. and Gillman, L. *The Wildest Dream: Mallory, His Life and Conflicting Passions*, London: Headline, 2000

Gillman, P. *Everest, 1921 to 1953: A Photographic History*, London: The Folio Society, 2021

Hammer, M. C. »Heights and Distances, Geometric Determination of«, *The History of Cartography, vol. 4, Cartography in the European Enlightenment*, eds. Edney, M. H. and Pedley, M. S. Chicago: University of Chicago Press, 2020

Hansen, P. »The Dancing Lamas of Everest: Cinema, Orientalism and Anglo-Tibetan Relations in the 1920s«, *American Historical Review*, vol. 101, 1996, pp. 712–747

Howard-Bury, C. *Mount Everest: The Reconnaissance, 1921*, London: Edward Arnold, 1922

Howard-Bury, C. »The Mount Everest Expedition«, *The Geographical Journal*, vol. 59, no. 2, 1922

Isserman, M. and Weaver, S. *Fallen Giants: A History of Himalayan Mountaineering from the Age of Empire to the Age of Extremes*, New Haven: Yale University Press, 2008

Keay, J. *The Great Arc: The Dramatic Tale of How India was Mapped and Everest Was Named*, New York: HarperCollins, 2001

Markham, C. R. *A Memoir on the Indian Surveys*, London: Sold by W. H. Allen and Co., 1878

McKay, A. *Tibet and the British Raj: The Frontier Cadre 1904–1947*, Dharmasala: Library of Tibetan Works, 2009

Noel, J. *Through Tibet to Everest, 1927* (4th edition), London: Hodder and Stoughton, 1989

Norgay, T. *Tiger of the Snows: The Autobiography of Tenzing of Everest with James Ramsey Ullman*, New York: G. P. Putnam's Sons, 1955

Norton, E. »The Mount Everest Dispatches«, *The Geographical Journal*, vol. 64, no. 2, 1924

Norton, E. »The Personnel of the Expedition«, *The Geographical Journal*, vol. 64, no. 6, December 1924

Norton, E. *The Fight for Everest: 1924*, London: Edward Arnold & Co., 1925

Noyce, W. *South Col: One Man's Adventure on the Ascent of Everest, 1953*, London: Heinemann, 1954

Ortner, S. *Life and Death on Mt. Everest: Sherpas and Himalayan Mountaineering*, Princeton: Princeton University Press, 1999

Probst, P. J. *The Future of the Great Game: Sir Olaf Caroe, India's Independence, and the Defense of Asia*, Akron, Ohio: University of Akron Press, 2005

Simpson, T. »Clean Out of the Map: Knowing and Doubting Space at India's High Imperial Frontiers«, *History of Science*, vol. 55, no. 1, 2017

Somervell, T. H. *After Everest*, London: Hodder & Stoughton, 1936

Somervell, T. H. »Obituary: B. Bentley Beetham«, *Himalayan Journal*, vol. 24, 1963

Tharkay, A. *Sherpa: The Memoir of Ang Tarka*, Seattle: Mountaineers Books, 2016

»The Mount Everest Kinematograph Film«, *The Geographical Journal*, vol. 61, no. 1, 1923

Unsworth, W. *Everest* (3rd edition), London: Baton Wicks, 2000

Ward, M. »Mapping Everest«, *The Cartographic Journal*, vol. 31, no. 1, 1994

Ward, M. »The Exploration and Mapping of Everest«, *The Alpine Journal*, 1994

Ward, M. *Everest: A Thousand Years of Exploration. A Record of Mountaineering, Geographical Exploration, Medical Research and Mapping*, Glasgow: The Ernest Press, 2003

Younghusband, F. *The Epic of Mount Everest*, London: Edward Arnold & Co., 1926

Hinweise zu Maßen und Schreibweisen

Bei der Angabe von Höhen haben wir zunächst die vormetrischen Maße verwendet, da diese während der Everest-Expeditionen in den 1920er-Jahren allgemein verwendet wurden.

Die Höhe des Mount Everest wurde in den 1920er-Jahren mit 8839,81 Metern (29002 ft) angegeben. Dies wurde mehrfach revidiert, unter anderem zu einer Höhe von 8847,73 Metern (29028 ft), die der Survey of India zwischen 1952 und 1954 ermittelte und die von Kartierungsagenturen und Forschern weithin akzeptiert und verwendet wurde. Im Jahr 2020 einigten sich China und Nepal jedoch auf eine neue Höhe von 8848,95 Meter (29032 ft) – die Höhe, auf die wir in diesem Buch Bezug genommen haben.

Für die Namen der Orte haben wir – bis auf gelegentliche Abweichungen – die neuesten anglisierten Versionen verwendet. In den Zitaten und den halbfett gesetzten Teilen der Bildunterschriften wurden jedoch die originalen Schreibweisen beibehalten.

Viele der Bilder und Archive der Everest-Expedition in den Sammlungen der Royal Geographic Society (mit IBG) wurden kurz nach der Rückkehr der Expeditionen nach Großbritannien erfasst und katalogisiert. Die Texte dieser Beschreibungen und Bildunterschriften wurden als Kontext- und Informationsquelle für Forscher beibehalten. Die Verwendung solcher historischer Begriffe in diesem Buch ist nur für diesen Zweck gedacht und spiegelt nicht unbedingt die Sichtweise der RGS oder heutiger Bergsteiger wider.

REGISTER

Danksagungen

Die Royal Geographical Society (with IBG) möchte den Autoren – Dr. Katherine Parker, Dr. Jonathan Westaway, Eugene Rae, Professor Felix Driver, Peter Gillman, Dr. Jan Faull und Dr. Peter H. Hansen für ihre Beiträge zu diesem Buch danken. Die RGS ist ihnen für ihre sorgfältige wissenschaftliche Arbeit zu den frühen Everest-Expeditionen zu Dank verpflichtet. Besonders danken möchten wir Felix Driver für seine Hinweise und seinen Rat bei diesem Projekt.

Hinweise zu den Mitwirkenden

Professor Felix Driver, Royal Holloway, University of London, ist historischer Geograf und hat sich auf die Erforschung von Sammlungen und Öffentlichkeitsarbeit in den Kunst- und Geisteswissenschaften spezialisiert.

Dr. Jan Faull, ehemaliger Archivkurator des British Film Institute, schloss vor Kurzem seine Promotion über Expeditionsfilme und Medienkultur am Royal Holloway der University of London ab.

Peter Gillman ist Autor über den Everest, Redakteur und Biograf und gewann zusammen mit seiner Frau Leni Gillman im Jahr 2000 den Boardman Tasker Award for Mountain Literature.

Professor Peter H. Hansen ist Professor für Geschichte und Direktor der International and Global Studies am Worcester Polytechnic Institute in Massachusetts.

Saray Khumalo ist Bergsteigerin, Sprecherin, Transformation-Coach und die erste schwarzafrikanische Frau, die den Mount Everest bestieg und auf Ski zum Südpol lief.

Dr. Katherine Parker ist kartografische Sammlungsleiterin der Royal Geographical Society (with IBG).

Eugene Rae ist Hauptbibliothekar der Royal Geographical Society (mit IBG).

Die Royal Geographical Society (mit IBG) ist Norbu Tenzing für seine Einblicke in das historische Vermächtnis dieser Expeditionen und seine Arbeiten über die Auswirkungen des heutigen Bergsteigens im Himalaja auf Umwelt und Gesellschaft zu Dank verpflichtet.

Dr. Jonathan Westaway ist Forschungsbeauftragter der University of Central Lancashire und hat sich auf die Geschichte des Bergsteigens, der Bergwelt und der imperialen Kultur der Entdeckungen spezialisiert.